KB141759

마음을 움직이는 브랜딩

SUCCESS BRANDING

잘 나 가 는   1 인   기 업 의   숨 겨 진   부 의   비 밀

마음을 움직이는 브랜딩

메이랩(조윤화) 지음

드림셀러

지금은 100세, 120세까지 사는 시대입니다. 정년까지 일할 수 있다고 해도 40년은 더 살아야 하죠. 이렇게 오랜 시간을 살아내야 하는데, 인생을 책임져줄 든든한 백그라운드나 든든한 보험 하나 갖고 계신가요? 자식이나 배우자에게 기대기에는 상대에게 너무 부담을 주고 말죠.

우리의 노후를 책임지는 것은 냉정히 말해 돈입니다. 일할 수 있을 때까지 일한 다음 편안하고 안정적인 노후를 즐기려면 돈이 얼마나 필요할까요? 아니, 돈만 있으면 모든 문제가 해결될까요? 그 전에 돈은 어떻게 벌어야 할까요?

저는 이 모든 질문의 답이 '브랜드'라고 생각합니다. 브랜드는 기업에서나 만드는 거로 생각한다면 바로 유튜브를 클릭해 보세요. 여러분이 구독하고 있는 채널 하나하나가 바로 '브랜드'입니다. 구독한 채널이 모두 연예인이나 기업이 만든 채널인가요? 대부분 일반인입니다. 소소하게 올린 영상이 대박이 나서 대형 유튜버가 되고, 기업이 되는 세상입니다.

예전 같았으면 엄청난 돈을 들여 브랜드를 만들어야 했지만, 지금은 개인도 블로그, 인스타그램, 페이스북, 유튜브 등 여러 채널을 만들어 자신을 알릴 수 있는 시대입니다. 유튜브 하나로 한 달에 수천만 원, 수억 원을 벌어들이기도 합니다. 등단하지 않아도 작가가 되며, 데뷔하지 않아도 연기를 할 수 있습니다.

'세계에서 가장 영향력 있는 유명 인사 100'인 안에 드는 오프라 윈프리, 강연이나 강사로 유명한 기업인 김미경 대표, MZ세대 크리에이터 드로우앤드류, 특유의 입담으로 연극영화과를 졸업하고도 한국사 강의를 평정한 설민석 등등. 이들은 모두 자신이 곧 브랜드인 사람입니다.

사업을 하는 것도 결국 자신만의 브랜드를 만드는 일입니다. 브랜드를 잘 만들면 근로소득 그 이상의 부를 누릴 수 있고, 시스템을 잘 갖춰두면 브랜드가 알아서 노후까지 책임져줍니다. 브랜드를 잘 키워나가기 위해 노력하고 공들이면 어느새 나이는 숫자에 불과하다는 것을 절실히 깨닫게 되지요. 그리고 그 브랜드를 만들기 위해 여러 명을 고용하지 않아도 됩니다. 바야흐로 이제는 1인 기업의 시대입니다.

자본, 사무실, 직원이 없어도 됩니다. 스마트폰 하나로 마케팅을 할 수 있으며, 구인 사이트에 나를 도와줄 전문가가 수백 명이 대기하고 있습니다. 물건이나 음식이 아니라 자신 자체가 브랜드가 되기도 하며, 내가 만든 브랜드를 직접 알릴 수 있는 시대입니다.

메이랩을 만들고 3,500원짜리 샌드위치를 팔면서 연매출 5억 원을 달성하기까지 5년이 채 걸리지 않았습니다. 저는 지금도 메이랩을 '샌드위치 가게 메이랩'이라고 말하지 않습니다. 조윤화가 아닌 '메이랩'이라는 브랜드로 샌드위치도 만들고, 케이터링도 하고 다양한 브랜드를 만듭니다.

메이랩으로 강의하고, 책을 쓰며, SNS로 사람들과 소통하지요. 이제 메이랩은 샌드위치, 케이터링, 다양한 음식 브랜드를 담은, 살아 있는 유기체가 되었습니다. 메이랩은 조윤화라는 인간이 발휘하는 힘보다 더 크고 강력한 힘을 발휘해 돈을 벌어들입니다.

이처럼 브랜드를 만들면 돈이 되는 길이 열립니다. 평범한 직장인이었을 때는 꿈꾸지 못했을 일들을 메이랩이 해낸 것입니다. 당연히 여러분도 할 수 있습니다.

브랜드, 그리 어렵지 않습니다. 그 노하우를 알려드리기 위해 그동안 어떻게 브랜드를 만들었고, 어떻게 브랜딩했는지 차근차근 풀어보고자 합니다.

마음을 움직이는 브랜딩

단, 브랜드를 만든다고 당장 부자가 되는 것은 아닙니다. 분명한 건 누구에게나 브랜드는 필요하다는 사실이죠. 그리고 브랜드를 잘만 만든다면 행복한 삶을 영위할 수 있습니다. 시간과 자유, 좋은 사람들과의 관계가 형성되기 때문이죠. 능력을 인정받으며 일을 선택해서 할 수도 있습니다. 때로는 월급 그 이상의 부가 따라오기도 하지요. 브랜드를 만들면 여러분이 꿈꾸는 그 무엇이든 할 수 있는 날이 반드시 올 것입니다. 그래서 이 책을 집필했습니다. 글을 읽는 당신은 제가 겪은 시행착오를 조금이라도 줄이기를 바라며 이제부터 메이랩의 브랜드 이야기를 시작합니다.

메이랩 **조윤화**

수도권 외곽, 혹은 아주 먼 시골에 작은 구멍가게가 있다. 만약 근처에 사는 사람이 아니라면 절대 그 구멍가게에 들릴 일이 없을 것이다. 실평수 6~10평 남짓한 가게에 잡다한 물건들이 있다. 식료품일 수도, 잡화일 수도, 책일 수도 있으며, 어쩌면 국수나 도시락을 파는 음식점일 수도 있다. 무엇을 팔든 이 작은 가게가 돈을 많이 벌려면 어떻게 해야 할까?

일본 어린이책 중에 〈이상한 과자 가게 전천당〉이라는 시리즈가 있다. 제목 그대로 눈에 잘 띄지 않는 곳에 있는 이상한 과자 가게에서 벌어지는 이야기다. 가게는 전천당의 존재를 알아보고 온 손님의 소원 혹은 욕망을 들어주는 과자를 판다. 과자 가격은 신비로운 미소를 지닌 가게 주인 홍자(베니코)가 원하는 동전이다. 2013년에 일본에서 출간된 〈이상한 과자 가게 전천당〉 시리즈는 2019년 한국에서도 출간되어 어린이 동화 시장에 활력을 불어넣고 있다. 그뿐만 아니라 전천당 보드게임, 행운카드 세트 등 책과 관련된 다양한 장난감을 판매 중이며, 애니메이션으로도 제작되어 방영 중이다. 뜬금없이 왜 어린이책 이야기를 하는지 의아한 독자분들도 있으리라.

　실제로 '전천당'이라는 가게가 존재한다면 어떨지 생각해 보자. 사람들이 다니지 않는 좁은 골목길에 과자를 파는 가게를 냈다. 프랜차이즈보다 더 맛있다고 자부한들 과자가 잘 팔릴까? 고객의 눈길을 끌지 못하면, 가게가 망하는 건 시간문제다. 그때 이렇게 마케팅해 보면 어떨까? 동화에 나오는 '전천당'의 '그날의 동전'처럼 재미있는 동전을 만들어서 나누어주고 그것을 가지고 온 손님에게는 다른 쿠키를 서비스로 주는 거다. 그리고 쿠키는 응원 메시지나 유머 감각이 느껴지는 구절 들을 적은 종이를 넣어 포장한다. '작은 골목에서 우연처럼 발견한 행운의 쿠키 가게'라는 이야기를 떠올릴 수 있도록 말이다. 물론 처음부터 큰 이목을 끌지 못하지만 점차 '재밌는 이야기가 있는' 가게로 인식되어 사람들 입에 오르내리게 시작한다. 입소문이 나면서 서서히 고객이 늘고 매출은 증대할 것이다.

이렇게 '이야기가 있는' 가게 또는 '특정 이미지가 띠오르는' 기게로 인식되어 알려지기 시작하면 가게는 '재미있는 이야기가 있는 곳'으로 브랜딩 된다. 이렇게 브랜드를 브랜드답게 만들어 나가는 것, 혹은 만들어지는 과정을 '브랜딩'이라고 한다. 마치 이제 갓딴 생커피콩을 로스팅해 깊은 맛을 내는 것처럼 말이다.

다시 처음 이야기로 돌아가 보자. 남해 작은 마을에 소품, 책, 엽서 등을 파는 작은 상점이 있다. 마을 골목길 안에 있는 이 상점은 관광객들이 일부러 찾는 곳이다. 마을 한구석에 있는 'B급 상점'이다.

B급은 A급보다 월등하지는 않지만 그만의 감성이 있다. B급 영화, B컷, B급 광고 등 A급보다는 허술하고 촌스럽고 부족하지만, 호기심을 유발한다.

'왜 A가 되지 못했을까?'

그리고 이를 의도적으로 노리거나 B급만 좋아하는 마니아들도 있다. B급 정서가 누군가에게는 마음에 닿을 수 있다는 얘기다.

이처럼 어떤 공간에서 무엇을 파는 것은 중요하지 않다. 판매하고자 하는 아이템에 잘 어울리는 네이밍을 입히면 브랜드로 탈바꿈할 준비를 마친 것이다. 그런데 사업을 하고자 하는 많은 이들이 브랜딩을 고려하지 않은 채 창업하거나 프랜차이즈부터 시작한다.

브랜딩에 대한 필요성을 아예 느끼지 못하는 사람도 있는가 하면, 자신이 판매하고자 하는 아이템과 상호를 결정짓는 것으로 브랜딩이 끝났다고 생각하는 사람들이 있다. 또한, 프랜차이즈를 선택한 사람은 이미 충성 고객층을 확보했기 때문에 브랜딩이 따로 필요 없다고 생각한다. 하지만 그렇게 시작한 창업은 확장하기가 어렵다. 사업에 자신의 정체성을 입혀야 사업을 키우고 롱런할 수 있다. 프랜차이즈는 따로 마케팅이 필요 없다고 생각할지 모르겠지만, 의외의 위험 요소가 있다. 본사 지침을 따라야 하므로 자기 뜻대로 사업을 꾸려나가기 어려울뿐더러 로열티를 내야 한다. 그뿐이랴, 다른 지점이나 본사 자체에 나쁜 이슈가 생기면 자신이 운영하는 가게까지 타격을 입기 쉽다.

경제는 날이 갈수록 빛이 보이지 않고, 경쟁 심화로 서민들의 설 곳이 줄고 있다. 하지만 출구는 분명히 있다. 즉, 자신만의 무기를 브랜드화하는 것이다. 꼭 창업에 국한되는 이야기가 아니다. 누구나 강점을 브랜드화해야 살아남을 수 있는 시대다.

그동안 내가 만든 브랜드는 11개다. 수강생에게 만들어준 브랜드와 네이밍한 것까지 더하면 20개가 넘고, 머릿속에는 만들고 싶은 브랜드가 넘쳐난다. 창업 수업을 들으러 온 수강생들이 이따금 하는 질문이 있다. 어떻게 브랜드를 뚝딱뚝딱 만드냐고. 나 역시 '메이랩'을 브랜딩하겠다고 작정하고 창업한 게 아니기 때문에 처음에는 여러 시행착오를 거쳤다. 하지만 메이랩을 브랜딩하고, 여러 개의 브랜드를 만들고 나서 총매출이 증가했고, 사업을 확장해가며 브랜드를 만드는 나만의 노하우를 정립했다. 내 꿈은 그 노하우로 만든 브랜드들로 이루어진 메이랩 월드를 만드는 것이다.

자신만의 가게를 열고자 하는 사람들, 자신만의 브랜드를 만들고 싶은 사람들을 위해 이제부터 메이랩만의 브랜드와 브랜딩 이야기를 시작해 보고자 한다.

프롤로그

1장

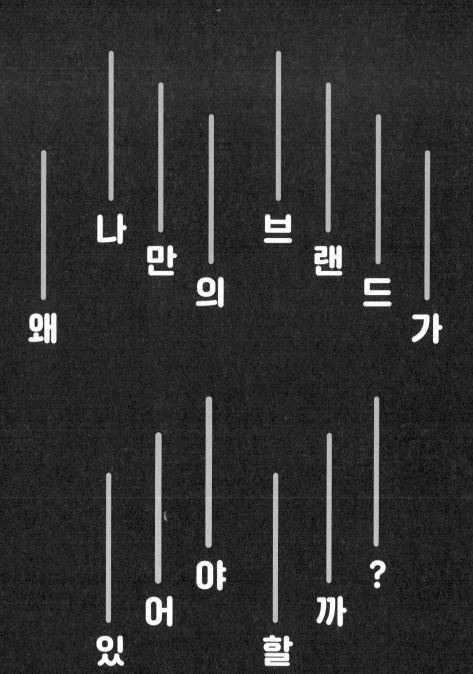

1인 기업의 시대

19세기에는 자본량과 노동력으로 경제가 성장했다. 하지만 1919년 이후 경제 성장 방식이 달라졌다. 투자와 생산 고용이 감소했지만 성장은 지속됐다. 지금은 어떨까. 저출산과 고령화로 성장이 둔화했다. 저성장시대, 고용불안 사회다. 더 이상 노동이 경제를 성장시키지 못한다는 뜻이다. 완전 고용은 비합리적인 말이 됐으며, 4차 산업혁명으로 사람을 대신해 로봇과 컴퓨터가 일한다.

앞으로 우리는 무엇을 해야 할까. 아니, 우리에게 일은 무엇일까?

나 역시 오랜 시간 회사에 다니다가 희망퇴직을 신청하라기에 자의 반, 타의 반으로 퇴직했다. 누군가가 더이상 내가 필요하지 않다고 생각하니 우울해졌다. 하지만 그마저도 잠시, 돈을 벌어야 했다.

기업이 우리를 받아주지 않는다고 해서 손 놓고 있을 수도, 정부에 의존할 수도 없다. 이제는 개인이 일자리를 생산해야 하는 시대다. 부의 축적과 노동, 삶의 균형을 스스로 일궈야 한다. 그리고 이 문제에 대한 가장 확실한 대안은 1인 기업을 만드는 것이다.

사람들이 대부분 회사에 다니고 어딘가에 소속되어 있는 것은 본인이 사업을 할 자질이 안 된다고 생각하거나 사업은 아무나 하는 게 아니라고 여기기 때문이다. 하지만 요즘은 1인 기업가도 많고, 사무실 없이 SNS만으로 물건을 파는 인플루언서도 많다. 이들은 크리에이터로 불리며 게임, 패션, 뷰티, 음식 등 기업에서 출시한 제품을 직접 리뷰해 홍보할 뿐만 아니라 중간 유통 역할을 함으로써 상당한 부를 창출하고 있다.

1인 브랜드 성공 사례 01

- **브랜드명** 아루즈
- **인스타그램 아이디** @jane_prier
- **업종** 라이브커머스 쇼호스트

Q 이 일을 시작하게 된 계기는 무엇인가요?

A 연기학원에서 강사로 일하다가 코로나19로 학원이 문을 닫는 일들이 발생하면서 빠르게 전향하게 됐어요. 언택트 경제가 시작되

면서 라이브커머스 시장이 급성장할 것이라는 게 보이더라고요. 몇 년 전에 쇼호스트 준비를 하던 경험이 있어서 관련 아카데미에서 8회 단기반으로 모바일 쇼호스트의 특성만 빠르게 배운 후 바로 필드에서 활동을 시작했어요.

그리고 쇼호스트 활동 및 새로운 방송을 기획하기도 하면서 2년 정도 활동하고 난 후부터는 제 개인 스마트스토어를 개설하고 공동구매와 연동시켜서 영역을 더 확장했습니다.

현재는 쇼호스트 활동과 스마트스토어 운영, 그리고 서울시에서도 이 분야에 관심이 많아지면서 강의가 개설되어 창업하시는 대표님들께 라이브커머스 강의까지 병행하고 있어요.

Q 브랜딩이 중요한가요?

A 활동을 하면서 이제는 한 제품 한 제품을 파는 쇼호스트에 국한되어서는 안 되겠다는 생각이 들었어요. 이제는 기업만이 브랜드가 아니라 개인이 브랜드가 될 수 있는 시대고, 차후에는 웬만한 중소기업보다 개인 브랜드의 힘이 더 커질 것이라 생각합니다. 그래서 나만의 콘셉트가 명확해야 하고 나만 보여줄 수 있는 콘텐츠가 중요하다고 생각해요.

제품이 좋아서 구매로 이어질 수도 있지만 (브랜딩이 되어 있는) 한 좋아하는 인플루언서가 소개하는 제품이기에 구매 전환이 될 수 있는 거죠. 벌써 그 힘이 점점 더 커지고 있다는 것이 보여요.

마음을 움직이는 브랜딩

1인 브랜드 성공 사례 02

- **브랜드명** 선희쿡
- **인스타그램 아이디** @sunhee_cook
- **업종** 요린이탈출 레시피 공유 & 제품협찬

Q 이 일을 시작하게 된 계기는 무엇인가요?

A 제가 인스타를 하게 된 건 메이랩 대표님 덕분입니다. 대표님의 강의를 들으면서 SNS로 홍보해야 하는 시대라고 하시더군요. 처음에는 그냥 재미로 하다가 이젠 누군가에게 도움이 되고 싶다는 마음으로 꾸준히 하고 있어요.

Q 브랜딩이 중요한가요?

A 브랜딩을 하게되면 내 마음대로 하던 때보다 신뢰성이 좋아져서 사람들이 저를 믿고 보더라고요. 진짜 팬이 생기고 인지도도 높아져 제가 원하는 제품을 협찬받기도 수월해요.

1인 브랜드 성공 사례 03

- **브랜드명** 임마더(춤추는 N잡러 워킹맘의 공구마켓)
- **인스타그램 아이디** @lim_mothar
- **업종** 인스타그램 강사 & 공동구매 & 인플루언서

Q 이 일을 시작하게 된 계기는 무엇인가요?

A 오프라인에서 프리랜서 강사로 활동하다가 코로나19가 시작되면서 하루아침에 백수가 됐어요. 아이 둘을 집에서 돌보면서 생활비를 감당해야 하는 상황이라 취미로 활동하던 인스타그램에서 공동구매를 시작하게 됐어요.

꾸준히 열심히 활동하다 보니, 인스타그램을 잘하고 싶고 공동구매를 시작하고 싶은데 어떻게 하면 좋을지 방법을 알려달라는 분들이 많아지더라고요. 그러면서 강의까지 확장하게 됐어요.

Q 브랜딩이 중요한가요?

A 저 같은 1인 기업은 나를 함축적으로 소개할 수 있고, 이미지를 간결하게 전달할 수 있어서 브랜딩이 중요해요. 누군가의 기억 속에 오래 머물러야 하는 경쟁 시대에 이것만큼 확실한 방법은 없는 것 같아요.

2022년, 우리나라에서 팔로워가 1만 명 이상인 인플루언서 숫자는 9만 189명에 이르며, 이들 가운데 세금을 낸 사람은 785명인데, 2020년 785명의 인플루언서가 한 해 동안 벌어들인 수익이 총 141억 원이었다.

1인 기업가도 마찬가지다. 창업진흥원 실태 조사에 따르면 2021년 1인 기업 수는 약 45만 개이며, 기업당 평균 매출은 2억 7,600만

원이다. 주요 업종은 제조업이 39.3%, 교육 서비스업이 25.6%, 개인 및 소비 용품 수리업이 10.8%였으며, 이들 가운데 절반은 인맥이나 방문 판매 등 사무실 없이 활동했다.[1]

이것은 무엇을 의미할까. 과거에는 물건을 팔 때 재고를 잔뜩 쌓아두고, 주문 전화가 들어오면 직접 그 주소로 보내는 일까지 해야 했다. 하지만 더 이상 그런 식으로 재고 부담을 안고 물건을 팔지 않는다. 스마트폰만 있으면 누구나 물건을 팔 수 있는 사장님이 될 수 있다. 온라인에 내 상점 하나를 만들고, 도매 사이트에 있는 물건을 선택해서 본인 사이트에 올리기만 하면 된다. 심지어 주문이 들어오면 도매 업체에서 배송까지 해준다. 내가 해야 할 것이라고는 사업자등록과 통신판매업을 등록하고, 도매 사이트에 있는 물건을 그대로 복사해서 내 사이트에 올리면 된다.

사업자등록은 홈택스에서 신청하고 업종을 선택한다. 사업자등록 완료 후 통신판매업까지 신고하고 나면 어엿한 사장님이 된다. 주문이 들어오면 인터넷에서 알려주고 고객의 주소를 도매 업체에 등록하면 알아서 배송까지 연결해준다. 직원을 채용하지 않고도 돈을 버는 것이다.

인터넷 상점은 이미 레드오션이라고? 이미 그런 생각을 하는 사

---

1) https://easylaw.go.kr/CSP/CnpClsMain.laf?csmSeq=1505&ccfNo=1&cciNo=1&cnpCls No=1

람이 많으므로 꾸준히 시즌에 맞는, 사람들이 원하는 아이템들을 선택해 판매해야 한다. 매출은 본인 하기 나름이다. 사업자를 내는 것도 부담스럽고, 그 일마저 귀찮다면 블로그나 SNS 등으로 충분히 돈을 벌 수도 있다.

사실 내가 아니더라도 물건을 팔거나 음식을 파는 사람은 많다. 세상에는 이미 수많은 물건이 존재하며, 대부분 원하는 것을 갖추고 살아가고 있다. 그렇다면 사람들은 이제 무엇을 갖고 싶을까?

위로, 사랑, 정보 등 눈에 보이지 않는 것들이다. 눈에 보이지 않는 것들은 노동 시간이 아니라 가치에 따라 값을 매길 수 있다. 내가 소비자에게 건네는 위로, 사랑, 정보의 가치가 높을수록 비싼 값을 받을 수 있다. 그리고 그 일은 오로지 '혼자' 할 수 있다.

누구나 할 수 있는 1인 기업

100세 시대에 안정적인 자산은 필수다. 불로소득이 있으면 더할 나위 없이 좋겠지만, 대부분 근로소득으로 일정한 자산을 마련한 뒤에야 불로소득을 마련할 기반을 갖출 수 있다. 하지만 언제까지고 회사에 다닐 수 있는 것이 아니다.

창업이 불안하다면 갖고 있던 지식을 팔아보기를 권한다. 가지고 있는 지식이 없다고? 당신에게도 살면서 생긴 경험치라는 게 쌓여 있다. 그동안 무엇을 했던지 간에 어떤 경험이든 있을 것이다. 초보가 왕초보에게 알려줄 수 있는 지식, 인간관계를 통해 느꼈던 경험, 연애하면서 쌓은 노하우 등 그 무엇이라도 좋다. 당신 안에 있는 경험을 콘텐츠로 만들어 팔면 그것이 사업이 된다.

그런데도 자신이 없다면 SNS에 공짜로 그 지식을 공유해 보라. 사람들의 호응을 얻고 자신을 브랜딩해 간다. 그렇게 스스로를 홍보하면서 콘텐츠에 대해 더 공부하고 전문성을 갖춰 나가 진짜 돈 주고 사도 아깝지 않을 가치 있는 콘텐츠로 만들어야 한다. 그러면 조금씩 수익으로 돌아온다. 이런 식으로 누구나 조직에 들어가지 않아도 돈을 벌 수 있다. 콘텐츠가 돈이 되는 시대기에 가능하다.

당신은 충분히 누군가에게 영향을 줄 수 있는 사람이다. 그 영향력에 전문성을 갖추면 당신도 1인 기업가가 될 수 있다. 당신의 콘텐츠를 SNS, 블로그, 전자책 등에 올리면 그 자체가 돈이 되기도 하고, 광고가 붙기도 한다. 그렇게 영향력을 점점 넓혀 나간다.

'로또만 되면, 돈만 많으면 회사 때려치우고 싶다'라는 생각을 해본 적이 있는가. 그렇다면 그 회사를 때려치우기 전에 회사에서 배울 수 있는 모든 것을 흡수해야 한다. 사내 정치하는 법, 문서 작성하는 법, 엑셀 정리하는 법, 기획안 발표하는 법, 회사에 합격하는 법 등등 배울 수 있는 모든 것을 배우고 정리해 보자. 그리고 그 '꿀팁'을 파는 거다.

1인 기업의 장점과 실패하지 않고 정착하는 법

1인 기업의 장점은 많다. 상사의 눈치를 볼 필요도 없고, 직원을 관리해야 하는 스트레스도 없다. 자본금이 아예 들지 않거나 크게 들지 않고, 내 컨디션에 맞춰서 일할 수 있다. 인간은 자유와 유능, 관계에서 행복을 느낀다. 자유가 없으면 불행하다고 느끼고, 유능하지 않으면 무기력하고, 관계에서 고립되면 외로움을 느낀다. 하지만 1인 기업을 설립해 잘 브랜딩하면 자유롭게 일을 선택할 수 있다. 다양한 관계도 형성할 수 있으며, 단체나 회사에 소속되어 있는 것보다 한 인간으로서 훨씬 더 성장할 수 있다.

물론 혼자서 문제를 해결해야 하는 크고 작은 어려움도 있겠지만, 초반부터 완벽히 해내는 사람은 물론, 기업도 없다. 어떤 분야든, 누구든 문제를 겪으면서 더 성장할 수 있다.

이렇게 장점이 많은 1인 기업, 어떻게 실패하지 않고 정착할 수 있을까?

나는 실패가 두려운 사람은 아니다. 인생에서의 실패는 도전했다가 망하는 것이 아니라 도전조차 하지 않는 것이라 생각하기 때문이다. 하지만 대부분 사업에 손을 댔다가 본전도 못 찾고 망할까 봐, 즉 실패할까 봐 겁을 먹는다. 만약 그런 것이 실패라면 실패를 분석하고, 다시 재도전하는 데 디딤돌로 사용하면 된다.

그런데 1인 기업의 실패는 결이 좀 다르다. 기업 투자를 받아 시작한 사업이 아닌 이상, 한 번 실패를 맛보면 흐지부지 없던 일처럼 되기에 십상이거나, 다시 도전할 의지를 갖기가 쉽지 않다. 혼자 시작했으므로 책임감 면에서 크게 사업을 벌인 사람들보다는 부담이 덜하기 때문이다.

이러한 이유로 1인 기업은 처음 시작했을 때 큰 욕심 내지 않고, 점점 성장하는 것을 목표로 해야 한다. 그리고 다음의 방법을 지켜서 최대한 실패하지 않고 빠르게 정착하길 권한다.

첫째, 분명한 콘셉트를 갖고 타깃층을 세분화하라.

1인 기업은 본인이 사장이고 직원이다. 그러니 기획도 사업 구상도 혼자 해야 한다. 하고 싶은 것이 많거나 의욕이 넘쳐 이것저것 시작하다 보면 결국 마무리해야 하는 것도 본인이다. 그러니 처음에는 1가지의 확실한 콘셉트를 갖고 있어야 한다. 그리고 그 콘셉트에 해당하는 타깃층을 20~30대가 아닌 5살 단위로 선정해야 한다.

이를테면 글 잘 쓰는 방법을 알리는 콘텐츠로 강연도 하고, 컨설 팅도 해주는 사업을 시작했다고 해보자. 글을 잘 쓰고 싶은 사람은 많다. 하지만 나이대별로 그 목적이 다르다. 10대는 논술을 위한 글 쓰기를 잘해야 하고, 20대는 자소서를 잘 쓰기를 원한다. 20대 후반 은 기획안을 잘 쓰기 원하고, 30대는 홍보·마케팅용 글쓰기를 잘 하고 싶어 한다. 이렇듯 한 분야라도 원하는 사람마다 목적이 다르 므로 자신의 콘텐츠가 어디에 해당하는지 살펴 타깃층을 정확히 공략해야 한다.

둘째, 배움에 투자해야 한다.

해오던 분야는 물론, 그동안 했던 분야가 아니라면 더더욱 공부가 필요하다. 도서관에 가서 해당 분야에 관한 책을 적어도 20권 이상 을 읽기 바란다. 그 정도의 노력도 하지 않고, 사업을 시작하는 것 은 허영이다.

가장 추천하는 투자는 현장에서 배우는 것이다. 어떤 사업을 시 작하기로 마음먹었다면 반드시 그 현장에서 어떤 시스템으로 일 이 돌아가는지, 어떻게 일하는지 경험해 봐야 한다. 만약 현장에서 일해 볼 수 없다면 해당 분야에서 일하는 사람의 강연이나 클래스 등 그들의 지식을 돈 주고 사서라도 공부해야 한다. 1인 기업은 자 신이 곧 자산이다. 그들의 경험을 보고 듣고 배우며, 자신의 사업에 하나씩 접목하는 식으로 기술과 능력치를 높여야 한다.

셋째, 돈을 빌려서 시작하지 말자.

처음 메이랩을 시작했을 때, 임대 보증금을 제외하고 가게를 여는 데만 딱 1,000만 원이 들었다. 창업하는 데 1,000만 원이면 적은 돈은 아니지만 그렇다고 큰돈도 아니다. 망할 생각은 없었지만, 혹시나 잘 안되더라도 도전한 데 의의를 둘 수 있는 금액, 인생 수업료라고 생각해도 아깝지 않을 금액이었다. 그래서 처음부터 창업할 때 1,000만 원을 넘기지 않겠노라 다짐했고, 가족들에게도 그렇게 말해둔 뒤 은행 대출이 아닌 오로지 내가 모은 돈으로 시작했다. 곧 나올 퇴직금도 있었기에 큰 부담이 없었던 것도 사실이다.

지금 생각해 보면 부담이 없었기에 아이디어도 자유롭게 나오고 장사하는 게 즐거웠다. 덕분에 매출도 나날이 상승했다. 1인 기업은 급할 게 없다. 당장 머릿속에 있는 아이템을 실현하고 싶다고 대출을 받거나 남에게 돈을 빌리면, 그 부담에 제대로 아이디어를 낼 수가 없다. 이자는 이자대로 내야 하고, 혹시라도 제때 돈을 갚지 못하면 그다음 일도 진행하기 힘들어진다. 그러니 1인 기업을 할 때는 남에게 돈을 빌리거나 큰돈을 투자해서는 안 된다. 자신이 감당할 수 있을 만큼, 딱 그만큼의 금액으로 시작하길 바란다.

넷째, 자신이 곧 회사의 브랜드라고 생각해야 한다.

보통 사람들은 '1인 기업? 그게 뭐야, 프리랜서인가? 그냥 혼자 장사하는 건가?'라는 정도로 생각할 것이다. 나 역시 메이랩을 열기 전에는 1인 기업이라는 용어조차 몰랐다. 하지만 남들의 시선을 의식하지 말고, 막연한 두려움도 떨쳐야 한다. 1인 기업은 자신이 곧 브랜드며, 창의적으로 일을 진행해야 한다. 그러니 자신부터 CEO라는 마음가짐을 갖고 브랜딩해야 한다.

그동안 주어진 업무만 맡아 했던 직장인으로서의 정체성, 가족들 뒷바라지에 전념했던 주부로서의 정체성도 일할 때만큼은 벗어 던져라. 자신의 가치는 자신이 만드는 것이다. 우선 자신부터 브랜딩을 하면 자유롭게 일을 선택할 수 있다. 따라서 인지도를 높이고, 몸값을 높여가는 작업에 몰입해야 한다.

우선 콘셉트가 있는 직함부터 만들어 보자. 경영 컨설턴트, 전문 마케터, ○○ CEO 등 타깃층에게 신뢰와 강렬한 첫인상을 줄 만한 직함을 정해 명함을 만든다. 그 외에 유튜브, 인스타그램, 블로그 등으로 자신을 브랜딩해 나가면 여러 일이 들어오고 신뢰도 높아진다. 그렇게 자연스럽게 1인 기업으로 거듭나게 된다.

다섯째, 고객의 니즈를 바로 반영하라.

1인 기업의 가장 큰 장점이다. 고객이 원하는 것을 바로 반영할 수 있다는 것. 나아가 고객이 원하기 전에 니즈를 미리 알아채 자신의 강점으로 만들어야 한다. 1인 기업은 전문성은 물론 차별성이 있어야 한다. 그리고 세분화해 만든 타깃을 독점해야 한다. 그러기 위해서는 현장에서 고객이 원하는 니즈는 물론, 변화하는 니즈까지 간파해 반영하는 센스를 갖춰야 한다.

니즈를 찾는 방법은 간단하다. 평소 고객과의 상담을 통해 원하는 점을 발견하거나, 대기업에서 위협적으로 느끼는 부분들을 파악해 자신의 사업에 접목할 방법을 고안하는 것이다.

연남동에 '얼스어스'라는 디저트 카페가 있다. 얼스어스에서 케이크를 먹고 싶으면 꼭 다회용 용기를 가져가거나 가게에서 먹어야 한다. 냅킨 대신 손수건을 내주며, 벽에 붙이는 포스터조차 종이테이프를 사용한다. 일회용품을 쓰지 않겠다는 사장의 다짐이자 고객과의 약속이다. 지구에 해로운 일회용 용기에 담아서 케이크를 팔지 않겠다는 사장의 뚝심에 공감하는 사람이 많아지면서 '핫플'로 자리 잡았다.

대기업에서 'NO 일회용품'을 외치며, 종이 빨대도 만들고 텀블러 사용을 권장해 보지만, 다양한 고객층에게 불편함을 감수하라고 강요할 수 없다. 매출이 떨어지기 때문이다.

반면 1인 기업은 다르다. 사장의 신념과 지구를 위해 죄책감을 덜고, 환경을 보호하고 싶은 고객의 니즈가 만나 서로 상생하는 구조가 됐다. 사장의 신념과 정체성이 사업에 투영되고, 그렇게 반영된 콘텐츠가 소비자에게 만족을 주면 제대로 브랜딩이 된 1인 기업이라고 말할 수 있다.

1인 기업은 곧 자신을 브랜딩하는 것

바야흐로 부캐의 시대다. 개그맨, 유튜버 할 것 없이 본래 캐릭터가 아닌 또 다른 캐릭터를 만들어, 오히려 부캐로 사랑받는 이들도 많다. 개그맨 김경욱 씨 역시 오랜 시간 개그맨으로 활동했음에도 불구하고 최근 다나카로 인지도를 올리며 사랑받고 있다. 무려 5년 전부터 '다나카'라는 일본인 부캐로 활동하기 시작했는데, 어설픈 한국어 발음으로 노래를 부르는 것이 인기 유튜브에 올라오며 조회수와 구독자가 급격히 증가했다.

데뷔한 지 22년이 되었다는 그는 후배 개그맨들이 유튜버로서 자리 잡을 때도 맹목적으로 부러워하기보단 스스로 부족한 점은 없었는지 돌아보며, 더 노력했다고 한다. 오랫동안 다나카 캐릭터로 콘텐츠를 올리면서도 많은 사랑을 받는 것보다 소수의 누군가라도 열렬히 좋아해주면 된다고 생각하며 꾸준히 지속해 왔단

마음을 움직이는 브랜딩

다.[2] 나는 김경욱 씨처럼 어떤 목표를 놓지 않고 꾸준히 나아가는 사람들의 원동력이 바로 자기 긍정감이라고 생각한다.

1   자신을 긍정하고 사랑하라

자기긍정이란 말 그대로 자기 자신을 긍정하는 것이다.《사람을 끌어당기는 자기긍정의 힘》에서 자기 긍정감이 높은 사람을 다음과 같이 정의한다.

- 자기를 좋아하며 낙관적이고 실패를 두려워하지 않는다.
- 자기를 소중히 여기고 타인과 비교하지 않는다.
- 솔직하고 잘 웃으며 자신만만하다.

자기 긍정이 낮으면 자신을 좋아하지 않으며 쉽게 포기하게 된다. 열등감과 죄책감이 심하며 늘 자신 없는 모습을 하고 있다. 스스로 부정하는 사람은 절대 다른 사람의 동의나 긍정을 얻을 수 없다. 너무 당연한 말이지만, 많은 이들이 이 사실을 수시로 간과하고 있다.

사실 우리나라는 자기 긍정에 익숙한 사람보다 자기 부정에 익숙한 사람이 많다. 겸손을 미덕으로 알기 때문에 그렇기도 하고, 학창 시절에 100점을 향해 치열하게 경쟁하느라 칭찬에 인색하기도 하다. 가정에서도 응원보다는 잔소리를 듣는 일이 더 많다. 부모가 자녀를 사랑하지 않아서가 아니라 워낙 세상이 흉흉하다 보니, 노파심에 혹은 부모 역시 그렇게 자라왔으므로 이런저런 걱정이 가득한 말밖에 할 수 없었으리라.

그런데 잔소리와 걱정을 듣고 자라는 아이는 자기 자신을 믿지 못하게 된다. 부모가 텔레비전을 보는 아이에게 "맨날 스마트폰만 보면 어떡하니? 그러다 눈도 나빠지고 머리도 나빠져"라고 말하는 것이 아이를 싫어해서일까? 아니다. 부모는 아이를 정말 걱정하는 마음에 충고하는 것이다.

문제는 그 말을 들은 아이는 스마트폰을 보지 말아야겠다는 나 짐보다 부모의 충고에도 보고자 하는 죄책감이 심어졌다는 데 있다. 그러면서 정작 부모 자신은 늘 스마트폰을 보고 있으니, 죄책감에 반발심까지 얹어주는 셈이다. 이런 식으로 우리는 자기 긍정보다 자기 부정에 익숙한 환경에 살아왔다.

그래서 많은 사람이 '나는 그럴 수밖에 없는 환경에서 태어났다고요', '남들은 운이 좋았겠지만, 저는 그렇지 못했어요', '마음이 아픈 사람한테 자꾸 힘내라고 하지 마세요'라는 말을 한다. 물론 이들 가운데는 정말 의학적인 치료가 필요한 사람도 있다. 어릴 때부터 실패와 좌절을 맛보았고, 가정환경이나 타인으로부터 마음이나 정신을 다친 사람도 있을 것이다. 그렇다면 얼른 의학적인 도움을 받아야 한다. 독감에 걸리면 병원에 가는 것이 자연스러운 것처럼, 마음이 다쳤을 때 정신의학의 도움을 받거나 심리치료를 해야 한다. 그렇게 해서라도 자기를 부정하는 바이러스부터 제거하는 것이 급선무다.

이렇게 마음부터 단단히 만들어 놓아야 그 위에 무엇이든 쌓아 올려도 흔들리지 않고 잘 쌓아 올릴 수 있다.

같은 맥락으로 자기를 긍정하는 마음을 높이려면 자신을 인정하고 소중하게 여겨야 한다. 아이를 키울 때 아이가 운다고 윽박지르면 더 엇나가거나 반대로 아주 소극적으로 변한다. 어른이라고 해서 크게 다르지 않다. 당장 내가 이룬 것이 없다고 우울해하거나 '나는 역시 안 돼', '나는 왜 이 모양일까?' 하고 다그치면 자신을 어둠 속으로 더 밀어내는 꼴밖에 안 된다.

'케이터링닷컴'이란 브랜드를 내기 전, 처음으로 단체 도시락 주문을 받았는데 6인분이었다. 그러다 단골손님이 20인분 도시락을 주문하면서 케이터링 시장의 가능성을 확신했고, 본격적으로 케이터링닷컴을 론칭한 뒤, 적게는 10인분(본래 30명 이상 주문을 받게 설정해두었지만 팬데믹으로 최소 주문을 다시 수정했다), 많게는 500인분 주문을 받으며 나날이 성장했다.

그러다 2022년 10월, 어느 한 교회에서 6,000인분 도시락이 가능하겠냐는 의뢰가 들어왔다. 순간 머릿속이 복잡해짐과 동시에 무서운 마음이 들었다.

'600명도 아니고 6,000명?'

이름 있는 교회에서 장난전화를 했을 리는 없고, 최대 1,000명이 먹을 양을 만들어 본 적은 있지만 6,000명은 나로서도 크나큰 도전이었다. 마음에서 삐져나오는 두려움과 무서움은 일단 나중에 정리하기로 하고, 고객에게 Yes!라고 대답했다.

거절하지 않은 이유는 딱 하나, 해낼 수 있다고 믿었기 때문이다. 물론 감정적으로는 걷잡을 수 없이 떨리고 무서웠다. 그러나 그 감정에 떠밀려 일을 판단하지 않았다. 무서움에 잠식되는 순간 더 큰 사업가로 성장하기 어렵다. 큰일이 주어졌을 때 겁부터 낸다면, 아무 일도 해낼 수 없을 것이다.

'그래, 6,000명 쉽지 않겠지. 한번도 해본 적 없으니까. 두려운 건 당연한 거야'라고 마음을 다독였다. 마음은 그렇게 진정되도록 두고 어떻게 일을 가능하게 할 것인지 계획을 세웠다. 우선 약속한 날짜 2주 전부터 다른 예약은 받지 않고, 한 달 전부터 6,000인분 식재료 수급에 나섰다. 미리 준비할 수 있는 것과 당일 조리해야 할 것 등을 나누고 포장하는 데 몇 명, 요리하는 데 몇 명이 필요한

지 가늠해 보았다. 그렇게 수강생과 지인을 모두 동원해 43명이 함께 이틀 동안 샌드위치 도시락 6,000인분을 완성했다. 그리고 이 과정을 인스타그램에 고스란히 올렸다.

그날, 6,000인분의 도시락을 완성하고 나서 비로소 한 달 동안 느꼈던 걱정과 긴장을 훌훌 날릴 수 있었다. 두려움이 있었지만 할 수 있는 방향으로 일을 도모하니, 불가능할 것 같았던 일도 해낼 수 있게 된 것이다. 만약 자신을 믿지 못하고 지레 겁먹은 채 포기했다면 어땠을까. 실패는 실수를 고쳐 볼 수 있는 디딤돌이 되지만, 포기는 도망쳤다는 죄책감만 안겨준다. 그리고 포기의 경험은 자신을 더 위축되게 만든다. '아마 난 못했을 거야', '역시 그 일은 무리였어' 하면서 자신의 성장을 가로막는 것이다.

어쨌든 6,000인분 도시락을 만든 것은 나로선 큰 경험이었고, 더 넓은 범위까지 스스로 긍정하는 힘을 얻게 해주었다.

물론 못하는 것은 못 한다고 솔직하게 말하는 것도 나쁘지 않다. 정말 못하는 상황이라는 게 있을 수 있으니까. 하지만 '나'라는 브랜드가 어디까지 할 수 있는지 시험할 기회가 주어진다면 반드시 그 기회를 잡기를 바란다. 물론 그 기회를 멋지게 해내기 위해선 자신을 믿는 마음, 나는 할 수 있다는 긍정감이 있어야 한다.

　　꾸준히 자신을 긍정하는 연습을 하면서, 스스로가 어떤 식으로 브랜딩 됐으면 하는지 관련 분야 롤모델을 최소 10명 정도 탐구해야 한다. 베스트셀러 작가가 되고 싶다면 당연히 그들의 책을 읽어야 한다. 베스트셀러 작가 10명의 책을 작가당 10권씩만 읽어도 100권이다. 100권을 읽고도 찾아내지 못한다면, 그때가 돼서 다른 일을 알아보는 것도 늦지 않다.

　　유튜버가 되고 싶다면 국내에서 내로라하는 10명의 채널을 살펴본다. 영상은 몇 분 정도인지, 초기 영상과 중간 시기의 영상이 어떻게 달라졌는지, 가장 조회수가 많은 영상은 무엇인지 말이다.

　　꼭 직업이나 분야가 아니어도 좋다. 밝은 성격의 소유자가 되고 싶다면, 주변이나 매체에 나오는 사람들 가운데 본인이 느끼기에 밝고 긍정적인 에너지를 내뿜는 사람들의 이름을 적어둔다. 그리고 그 밑에 그 사람들에게 어떤 느낌을 받았는지, 관련 기사를 찾아보거나 직접 인터뷰한다.

　　나도 여러 브랜드를 운영하면서 수강생을 가르치기도 하지만, 여전히 배우러 다니기도 한다. 라이브커머스에 적응하기 위해 라이브커머스 수업을 듣기도 했다. 라이브커머스에 대한 이해와 스킬 향상을 위해 수업을 들은 것도 있지만, 관심사가 비슷한 사람들과 소통하다 보면 긍정적인 에너지를 공유하게 된다. 한마디로 시너지가 생기는 것이다. 긍정은 더 큰 긍정을, 부정은 더 큰 부정을 끌어당길 수밖에 없다.

3 　 브랜드 이름을 만들어 그 이름에 익숙해져라

메이랩이라는 브랜드를 만들고부터는 강사 이름, 책 저자명은 물론 사람들에게 나를 소개할 때도 본명 대신 '메이랩' 이라고 말한다. 내가 만든 브랜드가 곧 내 정체성이기에 그렇게 하는 까닭도 있지만, 스스로 브랜드화하면 이름에 걸맞은 책임감을 느끼게 된다. 삶이 곧 브랜드가 되는 것이다. 어찌 보면 사소하기도 하고 굳이 그렇게까지 해야 하나 싶지만, 브랜드가 성장하기 위해서는 나도 함께 성장해야 한다.

그러니 자기 긍정감을 높이고, 자신이 만들고 싶은 분야의 롤모델 탐구를 끝냈다면 브랜드 네이밍을 한 뒤에 상표출원을 하자. 상표출원이 됐다면 그 이름은 본인의 것이니, 그 브랜드와 함께 자신도 다시 태어났다고 생각하며 살아가야 한다. 아기가 태어나면 부모가 세상 사람들에게 '제 아기 이름은 ○○이에요'라고 알리는 것처럼 말이다.

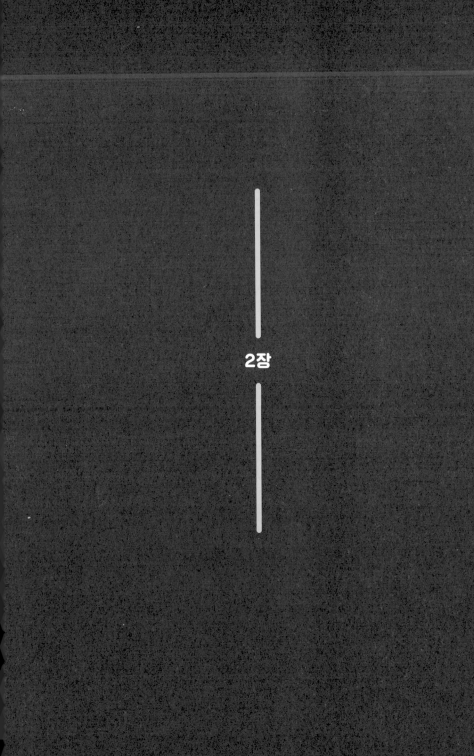

2장

나만의 브랜드를 준비하다

첫 브랜딩 메이랩

메이랩을 창업하게 된 이야기로 시작하고자 한다. 브랜드와 브랜딩이 얼마나 중요한지 직접 메이랩을 오픈하며 체감했기 때문이다.

직장생활을 오래 하다 보니 어느덧 인생에서 겪어야 할 일들은 대충 다 겪은 시기가 되었다. 불혹, 더 이상 세상일에 정신을 빼앗겨 판단을 흐릴 일이 없다는 나이. 리스크가 있는 일보다는 이제야 안정적인 삶을 살아가는 나이라는 뜻이다. 하지만 사회생활에서 더는 올라갈 데가 없다는 것을 알았을 때 왠지 모를 허무가 밀려왔다. 드디어 때가 된 것이다. 오랫동안 나만의 브랜드를 만들고 싶다는 꿈을 이뤄야 할 때.

마음을 굳히고 회사를 다니던 시절을 복기해 봤다. 정말 치열하게 살았다. 대학을 졸업하고 바로 밥벌이를 위해 직장을 다니며, 결혼하고 아이를 낳았다. 처녀 시절에 직장생활을 한 기간보다 워킹맘으로 살아온 시절이 더 길었다. 바쁜 엄마다 보니 아이에게 다양한 음식을 차려주지는 못했지만 될 수 있으면 건강한 집밥을 먹이려고 노력했다. 그러던 어느 주말, 아들에게 간식으로 샌드위치를 만들어주었는데 아들이 말했다.

"엄마가 만든 샌드위치가 세상에서 가장 맛있어!"

그 말을 듣는 순간 명치에 얹혀 있던 알 수 없는 이물질이 쑥 내려간 기분이 들었다. 아들의 한마디가 심간을 깨웠다. 직장을 다녔기 때문에 요리할 시간도, 체력도 부족했지만, 최대한 집밥을 해먹는 편이었다. 그도 그럴 것이 까탈스러운 입맛과 예민한 체질 때문에 바깥 음식은 잘 먹지 못했기 때문이다. 자연스럽게 거의 모든 음식을 집에서 해 먹었고, 저절로 갈수록 요리가 늘었다. 그중에서도 샌드위치를 가장 좋아했고, 만드는 것도 자신 있었다. 무엇보다 만드는 법도 간단했고, 빨리 만들 수 있어서 좋았다. 유기농 빵에 싱싱한 채소와 직접 만든 소스로 샌드위치를 만들어내면 남편도 아들도 맛있게 먹었다.

그렇게 '샌드위치'라는 아이템으로 나만의 가게를 차려야겠다고 결심한 뒤 가게를 계약하기까지 일사천리였다.

'평생 회사만 다녔던 내가 갑자기 사업을 할 수 있을까?'

의구심이 들기도 했지만 마침 집 근처에 싸게 나온 매장이 있길래 무언가에 홀린 듯이 덜컥 계약해 버렸다. 유동 인구가 많지 않은 골목에 건물이 낡긴 했지만 어쩐지 따뜻한 온기가 느껴져서 마음에 들었다. 더구나 서울에서 월세 45만 원인 점포를 어디서 구할 수 있을까. 사업도, 요식업도 처음인 나에게 월세 45만 원에 4평 공간은 부담이 적었다. 거창하게 장사를 시작한다기보다 나만의 요리 공방 같은 느낌으로 시작했기에 딱히 '망하면 어떡하지?' 하는 걱정도 없었다. 물론 작은 규모로 시작했다 한들 꿈까지 작을 수는 없다.

가게를 계약하자마자 두려움과 설렘으로 기분 좋은 긴장감이 들었다. 아이템과 가게도 결정됐고, 무엇부터 시작해야 할까? 생각하며 상기된 채 회사에 다녔다. 우선 상호를 결정해야 가게 콘셉트와 인테리어를 결정할 수 있을 것 같아서 출퇴근 길에 열심히 상호를 고민했다.

샌드위치라는 아이템과 잘 어울리면서 내가 좋아할 만한 단어, 고객이 들었을 때 상호의 의미를 오래도록 간직할 수 있는 이름으로 짓고 싶었다. 그때가 5월이었는데, 수첩에 이런저런 단어와 글귀 등을 적바림하고 있었다. 그러다 눈에 띈 게 소풍이란 단어였다.

'5월에는 소풍을 많이 가는데, 소풍 갈 때 가장 많이 먹는 음식이 김밥과 샌드위치 아닐까?'

'5월과 샌드위치를 담을 수 있는 단어가 뭐가 있을까?'

'5월, 오월, May.'

그런 식으로 '메이'를 떠올리자 '메이'라는 글자가 그렇게 예뻐 보일 수가 없었다. 메이와 샌드위치를 앞뒤로도 붙여 보고, 다른 영어 단어도 넣어 봤다. 그러다 문득 샌드위치를 싸는 랩핑 랩이 떠올랐다. 소풍에서 빼놓을 수 없는 샌드위치와 샌드위치를 포장하는 랩을 섞는 것이다. 그렇게 해서 '메이랩(May+Wrap)'이라는 상호가 탄생했다!

'5월을 포장하다'라는 의미도 있고 '랩'은 연구실이라는 중의적인 의미도 있어서 뭔가 음식을 연구하는 연구소 느낌이 났다. 'May'라는 단어는 열두 달 가운데 하나의 달을 나타내는 말일 뿐인데, 김춘수 시인의 시 '꽃'처럼 내가 '메이'를 불렀을 때 '메이'가 나에게로 와 비로소 꽃이 되었다. 계절의 여왕이라 불리는 5월! 샌드위치 업계의 여왕이 되겠다는 부푼 다짐으로 그렇게 창업의 첫발을 내디뎠다.

이제 상호를 지었으니 간판이나 샌드위치 포장에 들어갈 이미지가 필요했다. 브랜드는 상호를 짓는 것으로 끝나지 않는다. 브랜드 어원이 가축의 주인을 찾기 위해 찍힌 낙인에서 유래한 것처럼 남들이 한눈에 알아볼 수 있도록 상호를 부각할 이미지가 있어야 브랜드 구색을 갖추었다고 할 수 있다.

사람들은 생각보다 타인의 이름을 잘 기억하지 못한다. 하물며 내 삶과 밀접한 연관이 없는 가게 이름을 한번에 외우기란 쉽지 않다. 상호와 어우러지는 서체, 이미지를 사용해 조화를 이루었을 때 비로소 고객에게 각인되는 브랜드를 만들 수 있다. 이러한 이유로 메이랩다운 이미지는 어떤 이미지일까 계속해서 고민했다.

샌드위치가 만들어진 계기에는 여러 기원이 있는데, 영국 남동부 켄트 지방에 있는 샌드위치라는 곳에 살던 샌드위치 백작 4세 존 몬태큐로부터 유래했다. 카드 게임에 빠져 있던 존 몬태규 백작은 게임 중에도 허기를 채울 수 있는 음식을 원했다. 그러던 어느 날 하녀가 빵 사이에 베이컨과 치즈를 끼워 가져다준 것이 샌드위치의 대표 기원 중 하나다.[1] 사실 이전에도 중동이나 다른 문화권에서 샌드위치와 비슷한 형태의 음식을 만들어 먹긴 했지만, 샌드위치 백작 이후 아메리카와 유럽에서 샌드위치를 즐기게 되었다.

그래서일까. '샌드위치' 하면 영국이나 유럽 주방이 떠올랐다. 아기자기한 식기와 허브, 채소가 가득한 사랑스러운 주방에서 샌드위치를 만드는 메이랩. 5월을 상징하는 아이템과 기억하기에 콕 박힐 만한 이미지도 있었으면 했다. 이런 생각들을 담을 전문가를 구하기 위해 크몽, 재능넷, 재능아지트, 라우더소싱 같은 구인 플

마음을 움직이는 브랜딩

---

1) 출처 | 위키백과

랫폼에서 일러스트 작가를 찾았다. 문자로만 이루어진 로고보다는 간판, 포장 스티커 등에 두루두루 쓰일 그림을 원했기 때문이다.

여기서 업종이나 향후 쓰임새에 따라 대표 이미지를 로고에 집중할지, 의미를 담은 이미지에 집중할지 선택해야 한다.

로고란 상품이나 회사의 정체성을 담아 기호처럼 적용한 시각 디자인을 말한다. 본래 로고는 글자만 활용했기 때문에 로고타이프나 워드마크로도 불린다. SAMSUNG, CJ, Apple 등 각 기업 이름과 기업을 상징하는 로고타이프와 워드마크가 있다.

삼성의 워드마크 디자인은 우주와 세계 무대를 상징하는 타원을 비스듬하게 보여줌으로써, 혁신적인 이미지를 나타낸다. 첫 직장이 삼성이었는데, 삼성은 판촉물이 무척 많다. 볼펜, 수첩, 달력 등등 직원용은 물론 고객이나 거래처를 만날 때도 삼성 로고가 찍힌 판촉물을 건네도록 한다. 대한민국 국민이라면 삼성을 모르는 이가 없을 텐데, '왜 이렇게 판촉물을 많이 만들어낼까', 생각해 본 적이 있다. 그런데 해답을 찾는 데까지 그리 오래 걸리지 않았다.

사람들은 삼성 로고가 찍힌 다이어리를 들고 다니면, "어머, 삼성 다니세요?"라고 질문했고, 엄청난 회사에 다닌다는 눈빛으로 바라보았다. 거래처나 지인한테 파란 삼성 로고가 찍힌 판촉물을 선물하면 고맙다며 잘 간직해주었고, 삼성의 직원으로서 자부심마저 느꼈다. 이처럼 브랜딩이 잘된 회사의 로고는 여러 의미를 전달한다.

달리 말하자면 로고는 브랜드의 얼굴이다. 사람들은 로고, 즉 이미지로 회사를 기억한다. 좋은 로고는 제품의 이미지를 상상하게 하고, 전체적인 느낌을 구성하기 때문에 신중하게 제작해야 한다.

메이랩은 '샌드위치' 하면 떠오르는 내 이미지와 사람들이 느끼길 바라는 이미지를 모두 담았으면 했다. 그래서 단순한 로고타이프만으로는 성에 차지 않아 일러스트 작가에게 로고를 의뢰했다. 회사 이름과 이미지가 들어간 엠블럼을 만들어 두루두루 활용할 계획이었다. 그렇게 전문가와 상의 끝에 아래 그림과 같은 엠블럼을 만들었다.

이렇게 샌드위치와 경영철학, 5월을 떠올릴 수 있는 요소를 넣

- 잉글랜드풍의 작은 주방 이미지
- 허브와 각종 채소 그림으로 신선한 재료를 상징
- 왼손에는 샌드위치를, 오른손에는 샌드위치를 고정하는 깃발을 넣어 샌드위치 업계에 깃발을 꽂겠다, 즉 정상에 우뚝 서겠다는 신념을 상징
- 머리에는 5월을 상징하는 나비를 흑백 이미지와 대비되도록 노란색으로 넣음
- 하부장 오른편에 실제 키우는 강아지를 넣어 마스코트처럼 시선을 끌도록 유도함

MayWrap
sandwich & salad

어 메이랩을 각인시킬 수 있는 이미지를 만들었다. 메이랩 첫 로고이자, 엠블럼이었다.

브랜드의 초석이 될 상호와 로고 이미지를 제작했다면 이제 벽돌 하나를 올린 셈이다. 이 벽돌로 건물을 짓는 행위가 브랜딩이 된다. 브랜드는 집을 견고하고 멋지게 지을수록 많은 이들에게 각인된다. 하지만 이제 막 작은 샌드위치 가게를 연 내가 막대한 홍보 비용을 따로 투자해 브랜딩하기란 쉽지 않은 일이다. 그렇다고 목적지 없이 길을 떠날 수는 없는 법. 그래서 메이랩을 열 때 5개년 계획을 세웠다.

나만의 샌드위치 브랜드 만들기 5개년 계획
- 창업 1년차, 누구에게나 간편하고 건강한 식사가 되는 샌드위치 브랜드 론칭
- 창업 2년차, 창업 관련 강의, 샌드위치 만드는 방법 강의 시작
- 창업 3년차, 샌드위치 포함 핑거푸드로 구성된 홈파티 메뉴 판매
- 창업 4년차, 젊은 층을 겨냥한 채소와 한식의 퓨전 메뉴 브랜드 론칭
- 창업 5년차, 작은 가게 공동체 법인 설립

시작은 작은 샌드위치 가게일지 몰라도, 누구나 건강한 음식을 즐길 수 있는 격식 없는 브랜드를 만들고 싶었다. 나아가 창업을 꿈꾸는 이들이 쉽게 창업에 도전할 수 있도록, 그래서 모두 행복한

부자가 될 수 있는 공동체를 만들겠다는 큰 그림을 그렸다.

계획의 중요성은 100번 강조해도 지나치지 않다. 만약 계획을 세웠는데도 불구하고 성공하지 못했다면 목표가 명확하지 않아서 계획도 구체적이지 않았거나, 계획을 이룰 수 있다는 믿음이 없는 경우, 계획을 위해 아무것도 실행하지 않은 경우다. 메이랩은 요식업에서 끝나는 것이 아니라 음식을 먹는 사람도, 음식을 만드는 사람도 행복한 브랜드가 되길 바랐다. 그 목표 아래 세운 5개년 계획을 하나씩 이루어냈고, 법인 설립은 진행 중이다. 그런데 계획들을 세울 수 있게 밑바탕이 된 아이템, 즉 매출과 상관없이 '메이랩'이라는 이름을 널리 알리게 된 계기가 있다.

마음을 움직이는 브랜딩

작은 골목에 환한 불빛 하나 – 메이랩

보통은 아이템을 정한 뒤 타깃층과 어울릴 만한 상권을 찾고 분석해서 창업한다. 온라인스토어도 마찬가지다. 타깃층의 구매력이 가장 높은 플랫폼에 먼저 입점하는 것이 순서다. 하지만 대개 그렇다는 이야기지 최근에는 그런 공식을 깨는 일이 많다. 메이랩 역시 샌드위치를 먹는 주 타깃을 고려해 가게를 계약한 것이 아니다. 저렴하게 얻은 가게 앞에 마침 작은 규모의 아파트 단지가 있었고, 뒤쪽에 오피스텔이 있었다. 주로 젊은 엄마와 직장인들이 거주하는 곳이라 샌드위치 팔기에는 안성맞춤이었다.

문제는 다른 가게가 많지 않은 외진 곳이라는 점이었다. 그러니 고객들은 오로지 샌드위치만을 먹으러 메이랩을 찾아와야 했다.

앞서 말했지만 메이랩을 만들고 "샌드위치 가게를 열었어요!" 하며 바로 오픈한 것이 아니었다. 회사에 다니고 있었던 데다가, 처음 하는 사업이었기 때문에 가게를 더 맛있고 예쁜 나만의 샌드위치를 개발하는 연구소처럼 쓰면서 조금씩 인테리어를 했다. 말하자면 가오픈을 한 셈이었다. 그래도 일단 가게 문을 열었으니 고객에게 샌드위치를 팔긴 팔아야 했는데, 회사를 그만둔 상태가 아니어서 늘 가게에 나와 있을 수 없어 고민이 많았다. 아마 가게를 지나가는 사람들도 '뭔가 연 거 같긴 한데 낮에는 왜 사람이 안 보이지?' 하고 의아했을 거다.

그러다 우연히 텔레비전 프로그램에서 일본의 다양한 자판기를 보고 무릎을 '탁' 쳤다.

'샌드위치를 자판기에 넣어 팔면 굳이 가게 문을 24시간 열어두지 않아도 되지 않는가!'

그때부터 샌드위치 자판기를 검색했다. 하지만 당시만 해도 샌드위치 자판기는 국내에 없었다. 며칠 동안 자판기 업체를 수소문한 끝에 냉장 시스템을 갖춘 자판기 회사를 찾게 되었고, 회사에 찾아가 당당하게 샌드위치 자판기를 만들어달라고 주문했다.

자판기는 여전히 음료나 커피가 주를 이루었고, 빵이나 과자가 나오는 자판기도 속속 등장할 때였다. 그런데도 샌드위치 자판기가 시중에 없다는 게 이상했고, 오히려 기회일지도 모르겠다는 생각이 들었다. 자판기 회사 사장님은 샌드위치 자판기를 만들어달라고 하는 나를 이상하게 여겼지만, 오랜 상의 끝에 만족할 만한 샌드위치 자판기를 만들었다. 매장 바깥 공간에 자리를 마련해두고, 예쁜 초록색 캐노피도 설치했다.

평일에는 아침저녁으로 2번 샌드위치를 만들어 채워두었고 주말에는 매장에 나와 샌드위치를 연구하고 판매도 했다. 샌드위치 만드는 것도, 가게를 운영하는 것도 손에 익는다고 느낄 때쯤 매이랩을 본격 오픈해야겠다는 결심을 서게 만든 사건이 일어났다.

하나는 회사에서 명예퇴직 신청자를 받기 시작한 것이었고, 다른 하나는 샌드위치 자판기가 생각보다 반응이 너무 좋았다는 사실이다. 정식 오픈이 아니었던 터라 대대적인 홍보를 한 것도 아니었고, 가게를 비울 수밖에 없어서 생각해낸 자판기가 메이랩 간판이 되었고, 빠르게 입소문이 번졌다.

내가 잠든 밤에도 고객들은 고요하고 어둑한 골목에서 환하게 빛나는 불빛에 이끌려 자판기 앞까지 걸어온다. 그리고 고작해야 커피나 음료수가 있을 줄 알았는데, 의외로 먹음직스러운 샌드위치가 들어 있어서 놀란다. 저녁을 대충 먹은 직장인, 온종일 육아에 지쳐 있다가 겨우 아기가 잠들었는데 속이 허한 육아맘, 늦도록 학원에서 공부하다가 지친 발걸음으로 집에 가던 학생까지.

모두가 잠든 골목에서 샌드위치를 마주쳤을 때 따뜻한 위안을 느꼈단다. 그리고 반가움과 위안, 고마움 섞인 감정은 구매로 이어졌다. 평균 판매가 3,500원 정도의 샌드위치로 하루 평균 30만 원의 매출을 올렸다. 물론 순수익은 적을지 모르지만, 홍보 효과는 기대 이상이었다.

샌드위치 자판기가 신기했던 고객들은 자신의 블로그에 글과 사진을 올리기 시작했고, 메이랩은 샌드위치 자판기가 있는 가게로 각인되었다. 자판기의 존재를 모르던 사람들도, 자판기 때문에 샌드위치를 맛보았다가 다른 날에도 사 먹고 싶어서 다시 찾는 손님도 늘었다. 재방문율이 증가하는 것이 무엇보다 뿌듯했다.

더는 지체할 이유도 명분도 없었다. 금요일에 퇴사하고 다음 날인 토요일에 정식 오픈했다. 준비와 시장성은 충분했다.

보통 회사들은 제품을 출시하기 전, 제품에 대한 브랜딩을 주도 면밀하게 계획한다. 하지만 의도한 대로 브랜딩 되지 않을 수도 있다. 브랜드의 브랜딩을 시작하는 것은 회사이지만, 그 브랜드의 가치를 완성하는 것은 사용자, 즉 소비자이기 때문이다. 그리고 그 판단은 브랜드를 만든 사람이 자신의 제품에 어떤 이미지를 쌓아 올리느냐에 따라 방향이 달라진다. 그러기 위해서는 브랜드에 대한 분명한 철학이 있어야 한다.

'누구나 건강한 음식을 즐겁고 간편하게 먹을 수 있는' 브랜드를 만들고 싶다는 목표가 '샌드위치 자판기'라는 아이디어로 연결된 것이다. 샌드위치 자판기는 고객들에게 호기심과 따뜻한 위로를 주고, 허기진 배를 채웠다. 그러고는 마음에서 우러나와 블로그에 리뷰를 써주었고, 그것이 곧 메이랩의 홍보가 되었다. 회사 때문에 어쩔 수 없이 자판기를 갖춘 메이랩이 아닌, 누구나 언제든지 맛있는 샌드위치를 먹을 수 있도록 자판기까지 들여온 메이랩이 된 순간이었다.

이처럼 사업자가 자신의 브랜드에 대한 확고한 철학을 가지고 있으면 사람들에게 기억될 만한 키워드, 혹은 아이템을 생각해내게 된다. 만약 그럴 만한 아이템이 떠오르지 않는다면 비슷한 업종, 다른 가게에서는 어떤 키워드를 갖고 가게를 알리고 있는지 조사해 봐야 한다. 이런 과정이 필요한 까닭은 브랜드와 고객 간에 라포르Rapport 형성을 해야 하기 때문이다.

라포르란 심리학에서 사용하는 용어로 사람과 사람 사이에 생기는 신뢰 관계를 일컫는다. 특히 심리치료나 교육 등에서 라포르

형성을 중요하게 여기는데, 즉 상호 신뢰가 먼저 형성돼야 다음 단계로 나아갈 수 있다.

브랜드와 소비자 관계도 마찬가지다. 소비자한테 '메이랩이라는 브랜드를 만들었으니 좋아해줘'라고 강요할 수 없다. 사람들이 샌드위치에 대한 호기심을 갖고 주인이 가게에 없더라도 샌드위치를 구매할 수 있도록 자판기를 이용해 소비자와의 신뢰를 쌓은 점이 신의 한수였다. 물론 이러한 연결고리 없이 비용을 들여 전단이나 매체 광고를 할 수도 있다. 하지만 이런 일방적인 광고는 브랜드를 알리는 효과를 거둘 수는 있어도 소비자와 라포르를 형성하기는 어렵다. 더구나 기업이 아니라 소자본 창업, 또는 이제 막 브랜드를 만든 개인이 광고에 큰 비용을 할애하는 것도 부담스럽다.

이처럼 메이랩은 '샌드위치 자판기'라는 키워드로 브랜드의 입지를 다지기 시작했다. 물론 그때까지만 해도 브랜딩을 의도하고 자판기를 구매한 게 아니었지만, 결과론적으로 브랜딩의 초석이 된 것은 부인할 수 없다.

경기도 파주에 '힙한' 도넛 가게가 있다. 사람들이 줄을 서서 도넛을 기다리고, 성지순례처럼 사진을 찍고 간다. 도넛에 엄청난 맛이 숨어 있을까 싶어 찾아간 적이 있다. 예상외로 도넛 맛은 평범했다. 그런데 요즘 사람들이 왜 그리 열광하는지 인테리어를 보고 알았다.

'말똥도넛 디저트타운'은 건물 외관에서 미국 로스앤젤레스 느낌이 난다. 민트색으로 색칠한 외관에 도넛이 아닌 커다란 아이스크림 모양의 간판과 현란한 네온사인이 눈길을 이끈다. 바로 옆에는 스팀펑크(증기기관 발달에 의한 산업혁명 배경에 환상적인 요소를 더한 것)를 모티브로 한 카페 '더티드렁크'가 있다. 450평 규모에 공장처럼 보이는 투박한 외관, 녹슨 철제구조물, 대형 시계 등 독특한 아이템으로 꾸며져 있는데, 이곳 역시 주말 평균 1만 8,000명이 찾는 '핫플'로 자리를 잡았다. 이 두 카페를 만든 사람은 1992년생 CIC 대표 김왕일이다. 한 브랜드가 잘 되면 여기저기서 2호점을 내겠다고 의뢰하는 사람도 많을 텐데 김 대표는 한 매체 인터뷰에서 절대 2호점은 내지 않겠다고 말했다.

"저희는 개성을 팝니다. 돈을 좇는 순간 재미와 파격이 사라져요. 그러면 결국 회사의 브랜드 가치가 흔들립니다. 제가 가장 경계하는 지점이죠."[2]

김 대표는 경기도 외곽에 있는 땅을 저렴하게 사서 멀리서도 고

---

2) 〈중앙일보〉, '폴인의 폴인이 만난 사람', 기사 37화 중 일부

객이 올 수밖에 없는 재미를 부여했다. 다른 데서 구할 수 없는 '경험'을 자신의 브랜드에 녹여낸 것이다. 이처럼 개인사업자가 운영하는 브랜드가 알려지기 위해서는 고객이 이전에 겪어보지 못했던 재미나 경험을 선사해야 한다. 메이랩의 경우 그 경험이 샌드위치 자판기였다.

━━━━ 브랜드, 그것이 알고 싶다!

국립국어원에서 '브랜드'를 검색하면 다음과 같이 나온다.

브랜드 · brand · 「명사」
『경제』 사업자가 자기 상품에 대하여, 경쟁업체의 것과 구별하기 위하여 사용하는 기호·문자·도형 따위의 일정한 표지

여기서 표지란 표시나 특징으로 어떤 사물을 다른 것과 구별하게 한다는 뜻으로 브랜드의 어원 자체가 가축에게 찍는 낙인에서 유래했다. 산업화 이후 공산품과 기성품들이 쏟아지면서 기업들이 자사의 제품을 다른 회사와 구별하기 위해 명칭이나 기호, 디자

인 등에 차별화를 두기 시작하면서 브랜드란 용어를 본격적으로 사용하기 시작했다. 최근에는 브랜드를 나타내는 도구로 상호, 기호, 디자인뿐 아니라 노래, 모델, 앰버서더, 마스코트 캐릭터 등 다양한 형태로 표현되고 있다.

브랜드 송

우리 세대가 익숙하게 기억하는 '브랜드 송'은 단연 농심의 짜파게티다. "일요일은 내가 짜파게티 요리사!"라는 대사와 함께 '짜라짜라짜 짜~ 파게티!'라는 노래가 나오면서 맛있는 짜장라면이 등장한다. 맛도 맛이지만 광고 속 대사와 노래는 대중들에게 친숙하게 다가왔고, '일요일은 짜파게티'라는 공식을 각인시켰다. 짜파게티는 출시 이후 짜장라면 계에서 독보적인 1위를 차지하고 있다.

또한, '브랜드 송' 하면 빼놓을 수 없는 것이 바로 핑크퐁의 '상어 가족'이다. 핑크퐁은 더핑크퐁컴퍼니 브랜드로, 어린이 전문 서적 출판사인 삼성출판사 계열사에서 만든 브랜드였다. 핑크퐁은 유·아동 도서뿐 아니라 교육용 콘텐츠로 사용될 노래를 만들었는데, 그 가운데 2016년에 공개된 '상어 가족'이 유튜브에서 230억 뷰를 기록하며 싸이의 '강남스타일'을 제쳤다. 중독성 높은 후렴구와 귀여운 상어들의 기승전결 스토리가 아이들은 물론 어른들에게까지 퍼지면서 전 세계에서 사랑받는 동요가 되었다.

노래와 함께 이 기업 인지도가 상승하게 된 비결은 인트로에 들어가는 '핑크퐁'이라는 사운드에 있다. K-팝이나 힙합 노래에서 작곡가들이 자신의 노래에 사인을 넣는 것처럼 핑크퐁 동요에도 브랜드명을 알리는 인트로를 꼭 삽입하는데, 이를 통해 '상어 가족'이 전 세계에서 사랑받으며, 기업 브랜드까지 자연스럽게 홍보가 됐다. 어린이책, 장난감은 물론 영상, 뮤지컬, 다른 기업과의 콜라보 마케팅 등 다양한 영역에서 수익을 올리고 있다. '상어 가족'이라는 곡의 히트로 브랜드가 널리 알려지면서 기업은 무섭게 성장했고, 그 결과 2021년 매출액과 영업이익이 각각 831억 원, 155억 원을 기록하며 유니콘기업이 됐다.

브랜드 마스코트

어느 순간 혜성처럼 등장한 곰이 있다. 이 곰이 눈에 띄기 시작한 것은 인스타그램, 페이스북 같은 소셜 미디어였다. 분홍색 커다란 곰과 찍은 사진들이 업로드되면서 이슈가 되었는데, 이 곰의 정체는 '벨리곰'이다. 사람들은 롯데백화점 동탄점 앞에 등장한 커다란 분홍색 곰에 열광했다. 벨리곰은 특별한 광고도, 어떤 곳의 소속이라는 것도 대놓고(?) 밝히지 않는다. 키 220cm, 몸

무게 400kg, 2018년 출생이며 풍선껌으로 빚어졌다.

롯데홈쇼핑에서 만든 벨리곰은 어디에도 '롯데' 출신임을 드러내지 않는다. 오로지 캐릭터와 콘텐츠로만 승부하며 2022년 10월 기준 유튜브 구독자가 56만 명을 넘어섰다. 이렇게 벨리곰의 인지도를 높인 롯데는 자연스럽게 롯데 기업의 마스코트로 사용 중이다. 롯데는 왜 이런 브랜드 마케팅을 선택했을까?

모두가 알다시피 롯데는 일본에서 한국인인 신격호 회장이 창업한 기업으로 일본에도 근거지를 두고 있는 다국적 대기업이다. 그런데 우리나라는 일제강점기 영향으로 반일 감정이 중국 다음으로 높다. 그도 그럴 것이 일본은 해방 이후에도 독도, 위안부 문제로 대한민국의 심기를 불편하게 했고 양국은 꾸준히 갈등을 겪어왔다. 이러한 국민 정서로 인해 일본에도 근거지를 둔 롯데의 브랜드 이미지는 그리 곱지는 않았다. 양국의 갈등이 정점에 이르게 된 사건은 2019년 일본이 한국에 대한 수출 규제를 강화하면서부터다. 일본은 한국을 화이트리스트에서도 제외했고, 이에 우리 국민은 'NO 재팬'을 외치며 일본 제품에 대한 불매운동을 시작했다. 불매운동에 대한 여파로 롯데아사히 주류는 편의점 진열대에서 무섭게 사라졌고, 한국롯데 역시 이미지에 엄청난 타격을 입었다.

롯데는 젊은 층의 주도로 이루어진 'NO 재팬' 운동 속에서 대중의 마음을 움직여야 했다. 그렇다고 오랜 시간 사용해 온 기업명을 쉽게 바꿀 수도 없다. 한국롯데와 일본롯데가 다르다고 아무리 설명해도 이미 박혀 있는 미운털을 빼낼 수 없었다. 롯데는 여론이 가라앉기를 기다렸다가 자신들의 계열사 가운데 롯데홈쇼핑에서 만든 벨리곰 캐릭터를 미술 작품처럼 전시했다. 사람들에게 선입견을 주지 않도록 부연 설명도 덧붙이지 않았다. 사람들은 어디에서도 벨리곰과 롯데의 연관성을 찾지 못한 채, 벨리곰의 커다란 귀여움과 반전 매력에 점점 스며들었다. 벨리곰의 인지도가 차츰 높아지자 롯데는 서서히 자신들의 존재를 드러냈고, 벨리곰을 등에 업은 채 미국 뉴욕 맨해튼까지 진출했다.

이완신 롯데홈쇼핑 사장은 뉴욕 전시를 시작으로 벨리곰을 글로벌 캐릭터로 육성하는 사업을 본격화할 것이라고 말하기도 했다.[3] 롯데라는 기업이 좋고 나쁨을 떠나서, 브랜드 이미지를 반전시키는 데에 캐릭터를 이용한 브랜딩은 꽤 똑똑한 전략이었다.

이처럼 브랜딩은 브랜드를 알리기 위해 연연해하고 있다는 티를 내서는 안 된다. 대놓고 마케팅 수단으로 활용하고 있는 모습을 쉽게 보였다가는 오히려 역효과가 날 수 있기 때문이다. 브랜딩과 마케팅의 차이점도 여기에 있다.

---

3) 〈한국경제〉, 2022.9.22일 기사 중

브랜딩이 왜 필요하냐고 묻는다면

브랜딩은 브랜드의 진행형이다. 브랜드가 브랜드답게 확장하는 과정을 브랜딩이라고 하는데, 자칫 마케팅과 헷갈릴 수 있지만, 브랜딩은 마케팅과는 조금 다른 개념이다. 마케팅은 소비자에게 상품이나 서비스를 효율적으로 제공해야 해서 목적도 분명하고 행위 자체도 직관적이다.

반면 브랜딩은 소비자가 브랜드를 어떻게 인식하길 바라는지 마음을 헤아려야 하므로 자신의 브랜드는 물론 고객 심리에 대한 고찰이 있어야 한다.

브랜딩은 확실히 까다롭다. 메이랩이 샌드위치와 케이터링을 대표하는 브랜드로 자리 잡기까지 여러 노력을 했지만, 브랜딩 효과는 의외인 곳에서 나타난 적도 많았다. 2020~21년 메이랩을 알리는 데 크게 기여한 콘텐츠는 온라인 수업이었다. 대놓고 홍보 효과를 노린 것은 아니었는데, 팬데믹 영향으로 생각보다 많은 일반인이 직접 요리를 즐기면서 온라인 수업에 참여했고, 덩달아 메이랩과 케이터링닷컴까지 알려지면서 매출에 큰 도움이 되었다.

이처럼 기업에서 브랜딩의 중요성에 대해 인지하기 시작한 것도 브랜딩을 어떻게 하느냐에 따라 소비자의 구매욕을 결정짓는다는 것을 알았기 때문이다. 브랜딩은 브랜드의 이미지를 구축하는 모든 것을 의미하므로 브랜드 로고, 노래, 이벤트뿐만 아니라 브랜드의 서비스, 추억, 이야기, 사건 등 어떤 것이든 가능하다. 그만큼 브랜딩은 감정적이고 주관적이기 때문에 브랜딩을 잘하고 싶다면, 여러분이 어떤 브랜드를 신뢰하는지, 왜 그 브랜드를 신뢰하고 좋아하게 되었는지 복기해 보면 쉽다.

2015년 새벽 배송을 '샛별배송'이라 칭하며 식품을 배송해주는 온라인 플랫폼이 등장했다. 30대 여성과 1~2인 가구를 공략했다. 바로 '마켓컬리'다. 마켓컬리를 만든 김슬아 대표는 본인이 바쁜 회사생활로 인해 도저히 장을 볼 시간이 없어서, 출근 전 누군가 장을 봐주면 좋겠다는 생각에서 착안해 아예 본인이 직접 회사를 만들었다고 한다. 기업 중심의 유통이 아닌 소비자를 위한 유통, 고객이 편리한 유통 구조를 만들고자 한 것이다.

마켓컬리가 막 등장할 무렵 보라색을 키컬러로 한 타이포그래픽과 다른 곳과 달리 플랫폼이 깔끔하고 고급스러워 보여서 나도 종종 사용하곤 했다. 직접 시장에서 구매하는 것보다는 가격이 높았지만 편리함은 비교가 안 됐다. 맞벌이 부부나 음식을 대량 구매할 필요가 없는 1인 가구에 제격이라는 생각이 들었다.

그 뒤 메이랩을 오픈하고는 마켓컬리를 사용할 일이 거의 없었지만 마켓컬리는 코로나19와 함께 온라인 주문이 폭증하며 2021년 기업가치가 3조 7,500억 원으로 껑충 뛰며 유니콘기업이 되었다.

마켓컬리는 타깃이 분명했다. 맞벌이 가구나 1인 가구를 대상으로 했기 때문에 가격보다는 편리함과 특별함으로 승부를 봤다. 마트에서 팔지 않는 밀키트 제품을 직접 엄선하거나 공수해 유통했고, 초창기에는 정육 분야도 김슬아 대표가 신뢰할 만한 거래처를 직접 섭외했다고 한다. 맛이 보장되는 제품들로만 팔다 보니 가격 면에서는 마트보다 경쟁력이 떨어질지 몰라도 맛과 편리함을 취할 수 있었다. 대가족보다는 상대적으로 자신을 위해 돈을 더 써도 큰 타격이 없는 1인 가구와 돈은 있지만 시간이 없는 맞벌이 부부에게 제대로 브랜딩 되었다.

무엇보다 마켓컬리 홈페이지 화면은 깔끔함과 정갈함이 포인트다. 시선을 피곤하게 만드는 복잡, 요란한 다른 플랫폼 화면과 달리 UI가 깔끔하기 그지없다. 식품의 상세페이지도 마치 옷이나 전자제품처럼 공들여 만들었다. 판매하는 제품에 애정과 신뢰가 느껴져서 믿고 구매할 수 있다. 소비자들은 마켓컬리와 함께라면 요리와 식사가 부담스럽지 않다는 느낌을 받는다.

마켓컬리가 의도했든 의도하지 않았든 '샛별배송'이라는 키워드로 관심을 끌고, 깔끔한 UI와 차별화된 식품 라인업은 마켓컬리를 승승장구하게 만든 브랜딩 요소들이다. 이처럼 브랜딩은 2가지 측면에서 기업 비즈니스에 상당한 영향을 미친다.

마음을 움직이는 브랜딩

첫째, 인지도이다.

브랜드를 잘 브랜딩하면 다른 브랜드에 비해 긍정적인 인지도를 쌓아 올릴 수 있다. 물론 마켓컬리의 인지도는 전지현을 모델로 고용하며 폭발적으로 증가했지만, 그전부터 마켓컬리를 알았던 소비자들에게 마켓컬리만을 선택할 수밖에 없도록 샛별배송과 고급스러운 로고 등으로 긍정적인 이미지를 구축한 상태였다.

그런데도 고액의 광고료를 주고, 굳이 전지현을 브랜드 모델로 섭외한 까닭은 그녀가 마켓컬리 사용자였기 때문이다. '전지현'이라는 브랜드 자체가 건강함과 아름다움, 똑 부러지는 이미지를 동시에 지닌 모델이다. 소비자 입장에서는 그런 그녀가 선택한 식품 유통 회사라면 믿음이 갈 수밖에 없다. 마켓컬리는 전지현 씨를 모델로 고용하자마자 매출을 10배나 늘릴 수 있었고, 브랜드 인지도도 높였다.

둘째, 차별성이다.

마켓컬리 샛별배송과 비슷한 것이 쿠팡 로켓프레시다. 물론 다른 후발 주자들이 많지만, 개인적으로 느끼는 두 업체의 차이점이 있다. 마켓컬리는 백화점 식품관의 이미지가 있고, 로켓프레시는 동네에 있는 대형마트 느낌이 난다.

로켓프레시는 마켓컬리보다 품목도 다양하고, 유통기한이 임박한 상품들이 많기에 그만큼 저렴하게 구매할 수 있다. 게다가 최소 주문 금액도 15,000원만 넘기면 배송비가 무료이기 때문에 부담이 덜하다. 반면 마켓컬리는 최소 주문 금액이 40,000원을 넘겨야 배송비가 무료다. 소량만 구매하고 싶어도 배송비가 아까워서 다른 품목까지 결제할 수밖에 없다. 그런데도 고객들에게 마켓컬리의 친환경 포장과 같은 소소한 차별성과 맛과 신선함, 좋은 제품이 많다는 이미지로 브랜딩 되어 현재 마켓컬리는 업계 2위를 놓치지 않고 있다.

이처럼 브랜딩이 잘 된 브랜드는 해당 제품의 인지도를 높이고, 다른 제품과 차별성을 주어 이를 사용하는 사용자가 해당 브랜드에 대해 특별함과 자부심을 느끼게 한다. 그렇다는 건 뭘 의미할까? 바로 충성고객을 확보해 매출을 안정시킬 수 있고, 타 브랜드는 따라 할 수 없는 고유함을 보장해 고객과 신뢰를 쌓을 수 있다는 점이다.

우리나라 사람들은 지인이 괜찮아 보이는 옷이나 가방을 메고 나오면 "이거 어디 꺼(브랜드)야?"라고 묻는다. 같은 물건이라도 명품 브랜드라고 하면 가치 있는 물건으로 인식한다. 타인을 많이 의식하는 국민성도 브랜드를 중요하게 여기는 데 한몫한다. 오죽하면 한 패션디자이너가 우스갯소리로 이런 말을 했을까.

"한국 사람들은 패션에 관심이 많아요. 다른 사람 패션에 말이에요."

그만큼 사람들은 자신이 어떤 이미지로 보여지는지 중요하게 여긴다. 자신이 쓰는 물건, 먹는 것, 입는 것, 사는 곳 등 모두 좋은 브랜드이길 바란다. 표면적으로 보면 좋은 브랜드란 나의 가치와 품격을 올리는 것이라고 볼 수 있지만, 내가 생각하는 좋은 브랜드란 나와 결이 같은 브랜드라고 생각한다.

아무리 명품을 휘감고 있어도 이질적인 사람이 있는 반면, 중저가 브랜드를 사용해도 기품과 아우라가 느껴지는 사람이 있다. 그런 사람들 내면에는 자기중심과 철학이 있고, 브랜드를 선택함에도 세상 기준이 아닌 자신의 결과 잘 맞는 브랜드를 선택한다. 따라서 사업을 하는 사람, 제품을 판매하는 사람, 자신만의 브랜드를 만들고 싶은 사람은 브랜딩에 대해 더 연구하고 깊이 있게 공부해야 한다.

브랜드를 만드는 법칙

세상에는 수많은 브랜드가 있다. 새롭게 뜨는 브랜드

도 있고, 뒤늦게 빛을 발하는 브랜드도 있다. 그런가 하면 꾸준히 사랑받는 브랜드도 있고, 출시하자마자 사장되는 브랜드도 있다. 어떤 원칙과 중심을 가지고 만들었느냐에 따라 그 브랜드의 아이덴티티가 결정된다.

앞서 이야기한 것을 정리해 보자면 다음과 같다.

브랜드 아이덴티티 갖기, 공감과 이야기 만들기, 비주얼로 사로잡기, 중심을 지키되 차별성 갖기!

1 브랜드 아이덴티티 갖기

네이버 사전에서 정의한 아이덴티티의 의미는 다음과 같다.

① 변하지 아니하는 존재의 본질을 깨닫는 성질, 또는 그 성질을 가진 독립적 존재

② 타인과 구별되는 한 개인으로서 현재의 자신은 언제나 과거의 자신과 같으며 미래의 자신과도 이어진다는 생각

컴퍼스로 원을 그릴 때 중심축을 잘 고정해야 한다. 중심이 흔들리면 제대로 된 원을 그릴 수 없다. 마찬가지로 브랜드 아이덴티티의 중심을 잘 확립해 놔야 브랜드 자산을 확장해 갈 때 흔들림이

없다.

　메이랩은 소비자의 시간을 아끼는 대신, 눈과 입이 즐거운 음식 브랜드를 만들고 있고, 이것이 메이랩의 정체성이다. 메이랩뿐 아니라 뒤에서 소개할 브랜드들 역시 맛은 기본, 브랜드 네이밍, 슬로건, 패키지 등 모든 것에서 즐거움을 느낄 수 있다.

　럭셔리 마케팅 전문가이자 현대자동차 브랜드 전략에도 참여했던 장 노엘 카페레Jean-Noel Kapferer 교수는 브랜드의 아이덴티티[4]를 다음과 같이 설명하고 있다.

첫째, 실체적 특징이 있어야 한다.

브랜드 이름을 들었을 때 그 브랜드를 바로 떠올릴 수 있는 특징들이 잘 어우러져 실질적인 이미지로 떠올라야 한다. 메이랩의 수식어는 '5월을 포장하다'이다. 사람들은 '5월' 하면 소풍을 떠올린다. 5월은 추웠던 겨울이 완전히 끝나고, 꽃내음 가득한 완연한 봄, 봄이 절정인 달이다. 행사도 많고, 나들이하기도 딱 좋은 계절이다. 그래서 사람들이 메이랩을 떠올렸을 때 맛있는 샌드위치로 그치는 것이 아니라, 나들이 같은 행복한 샌드위치, 5월처럼 설레는 샌드위치로 기억되길 바랐다.

---

4) 카페레 교수의 브랜드 아이덴티티 이론

케이터링과 수제도시락으로 사업을 확장한 것도 세상 모든 파티가 메이랩을 만나 밝고, 화사하고, 행복했으면 했기 때문이다. 그래서 메이랩의 모든 제품은 패키지부터 남다르다. 음식을 담았을 때 색감이나 데코레이션도 최대한 조화롭고 화사하게, 눈으로 먹어도 충분히 맛있을 만큼의 완성도를 구사한다. 이게 끝이 아니다.

내가 운영하는 온·오프라인 강의, SNS 등 언제나 밝고 화사하게 진행한다. 지루함을 참지 못하는 것, 즐겁고 재미있는 것을 추구하는 것, 예쁜 것을 좋아하는 것 등 메이랩에 녹아 있는 특징들은 본래 내가 가진 성격이기도 하다. 말하자면 메이랩의 정체성이 곧 내 정체성이다. 사람은 자기다운 것을 할 때 가장 잘 해낸다.

둘째, 개성이 있어야 한다.

브랜드 네이밍을 하고 나서 가장 먼저 하는 것이 상표등록이다. 아무리 기발한 이름을 생각해냈다고 하더라고 이미 그 이름으로 된 브랜드가 존재한다면, 그 네이밍은 버려야 한다. 카페레 교수는 브랜드와 소비자 간의 커뮤니케이션이 진행되면 점차 브랜드의 독특한 개성이 형성된다고 본다. 마치 사람이 자라면서 자기만의 고유 스타일을 구축하는 것처럼 말이다.

셋째, 브랜드가 추구하는 고유 문화가 있어야 한다.

주요 브랜드는 문화를 창출하기 위해 노력한다. 문화는 동종업계에 있는 타 브랜드와 차별점을 줄 수 있는 이벤트다. 내가 책을 쓰는 일, 인스타그램에 릴스를 올리는 까닭도 '메이랩'이라는 브랜드만이 보여줄 수 있는 소비자에게 알리고 싶어서다. 전문성을 갖추고, 늘 즐겁게 일하고 있다는 사실은 메이랩만의 고유한 문화다.

넷째, 브랜드는 관계 설정 기능이 있다.

브랜드는 제품이나 서비스를 사람과 연결해준다. 사람들이 애플 제품을 사용하는 것은 단순히 기계를 사용하기 위함이 아니다. 애플은 혁신을 상징한다. 사과 로고가 찍힌 제품을 사용했을 때 스티브 잡스가 보여준 혁신과 효율을 체험하게 되는 것이다.

다섯째, 브랜드는 반사다.

카페레 교수는 소비자가 브랜드를 생각할 때 '갖고 싶다', '사고 싶다'는 생각이 들도록 열망을 지니게 만들어야 한다고 한다. 자동차 브랜드인 아우디도 30년 전에는 아무도 타고 싶어 하지 않는 차였다. 하지만 지금은 '아우디' 하면 사고 싶은 명품 수입 차로 인식한다. 브랜드를 생각할 때 자연스럽게 의도한 이미지가 바로 떠올라야 한다. 또한 그 브랜드를 떠올리면 자동으로 사고 싶고 갖고 싶게 만들어야 한다.

여섯째, 브랜드는 소비자의 자아 이미지다.

결국 그 브랜드를 선택하는 것은 소비자의 내면이 원하는 이미지를 제대로 구축했기 때문이다. 예를 들어, 폴로 랄프로렌 셔츠를 입을 때 마치 자신이 유럽 귀족 학생이 된 듯한 기분을 느끼는 것과 같다.

2 　　공감할 수 있는 이야기 만들기

소비자를 위한 합리적인 유통 구조를 만들겠다고 결심한 마켓컬리 김슬아 대표도, 나와 내 가족을 비롯해 누구나 간편하게 먹을 수 있는 건강한 음식을 만들겠다고 다짐했던 메이랩의 목표도, 결국 소비자의 공감을 끌어낼 수 있었기에 브랜드가 성장할 수 있었다.

여기에 브랜드를 이끌어 갈 이야기가 필요하다. 이야기를 통해 소비자에게 브랜드를 기억시키고, 좋아하게 만들어야 한다. 미국의 심리학자이자 경제학자인 대니얼 카너먼Daniel Kahneman은 다음과 같이 말했다.

"선택의 상대적 매력도는 같은 문제가 어떻게 프레이밍 되느냐에 따라 달라진다."

같은 피사체를 찍더라도 사진가에 의해 사진의 가격과 가치가 달라진다. 하물며 기업의 미래가 달린 브랜드에 이야기가 없다면, 어떻게 될까? 결국 사람들의 이목을 끌고, 환심을 사고, 좋아하게 만드는 것은 '이야기'다.

매일유업의 경우, 국내 유업계 매출 부진에도 불구하고, 오히려 매출이 상승했다. 성인을 대상으로 한 영양식 브랜드 '셀렉스', 젊은 세대를 겨냥한 프로틴 브랜드 들의 상품군이 매출을 올리는 데 도움이 컸다. 그러나 그 전에 '매일유업'이라는 브랜드의 이미지에 신뢰를 준 이야기가 있다.

매일유업은 20년 가까이 희귀난치병 환아를 위한 특수 분유를 만들고 있다. 선천성 대사이상 환아들은 효소가 부족하거나 아예 없어서 모유는 물론 고기, 생선, 흰쌀밥에 있는 단백질조차 소화하지 못한다. 따라서 특정 아미노산을 제외하고 미네랄, 비타민 등의 영양분이 들어 있는 분유가 필요한 상황이지만 이런 분유를 만드는 곳이 매우 드물었다. 게다가 특수 분유는 유통기한이 짧고, 구매자도 많지 않기 때문에 수익은 전혀 기대할 수 없다.

그런데도 매일유업은 특수 분유에 대한 개발과 생산을 이어오고 있다. 왜일까?

매일유업의 선대 회장인 고(故) 김복용 회장은 한 대학병원에서 선천성 대사이상 환아를 만난 뒤, 이 아이들을 위한 분유 개발을

지시했고, 손해를 보더라도 절대 중단하지 말라고 당부했다. 특수 분유를 만드는 공정은 매우 까다로우며, 하루 4만 캔의 분유를 생산하는 공장 하나의 가동을 중지시켜야 할 만큼 비용이 많이 든다. 그런데도 매일유업은 한 해도 거르지 않고 1년에 2번씩 특수 분유를 제조해 왔으며, 가격도 일반 분유 가격으로 받고 있다.

사람들은 이 사실을 뒤늦게 소셜 네트워크를 통해 알게 되었고, 매일유업은 그제야 이 내용을 광고로 만들었다. 아마 많은 사람이 일반 분유를 못 먹는 아이가 있다는 것을, 그리고 그 아이들에게 특수 분유가 필요하다는 사실을 몰랐을 것이다. 그런데 매일유업이 걸어온 '이야기'를 알게 되자 특별히 우유와 관계가 없던 사람들도 매일유업을 다시 한번 기억(각인)하게 됐고, 좋아하게(선호) 됐다.

소비자에게 각인과 선호는 구매 결정력에 큰 영향을 미친다. 똑같은 제품이 여러 개 진열돼 있을 때 '각인'된 제품을 고르고, 브랜드를 '선호'까지 하게 되면 선호하는 브랜드가 없을 때 그 브랜드를 파는 곳을 찾아가서 구매한다. 수고를 들이더라도 말이다.

또한, 매일유업이 칭찬받는 사업 중 하나가 바로 '우유 안부'다. 독거노인에게 우유를 배달하고, 만일 현관에 우유가 2개 이상 쌓여 있을 때 보호자에게 연락하는 캠페인이다. 우유 안부는 돌봄과 고독사를 예방하는 취지에서 시작했는데, 100가구에서 시작해 지금은 3,500가구 이상 그 혜택을 받고 있다.

이처럼 매일유업은 우리 사회에서 시선이 잘 가지 않는 이들에게 진심 어린 서비스를 제공하고 있다. 그리고 소비자는 자신이 이 서비스의 수혜자가 아님에도 불구하고, '착한 스토리텔링'을 가진 브랜드에 손과 마음이 간다.

물론 소비자한테 들려줘야 할 '이야기'는 자신이 갖고 있던 브랜드 철학을 내포하고 있어야 한다. 여기에 거짓 없는 진정성 있는 이야기를 얹는다면 꾸준히 사랑받는 브랜드가 될 수 있다.

3　비주얼로 사로잡기

메이랩이 만드는 브랜드들은 하나같이 그 특징을 잘 잡아내는 일러스트를 엠블럼처럼 사용하고 있다. 그뿐만 아니라 케이터링박스에 들어가는 샌드위치, 과일의 포장부터 용기, 장식 모두 음식과 조화를 이루면서 눈길을 이끌도록 화려하게 꾸민다.

특히 뒤에서 소개할 큐브샌드위치의 경우 프랑스에서 공수한 우드트레이를 사용하고 있다. 처음에는 은박으로 된 용기를 사용했는데 굳이 단가가 더 비싼 우드 용기로 바꾼 데는 2가지 이유가 있다.

첫 번째는 환경이었다. 환경오염에 대한 경각심만으로 지구를 지킬 수 없다는 생각을 늘 갖고 있었다. 나만 살고 갈 지구가 아니기에, 메이랩이 할 수 있는 노력이 무엇이 있을까 고민하던 찰나에 친환경 우드 용기를 알게 된 것이다. 방습 효과가 뛰어나다는 장점도 있었지만, 무엇보다 땅에 묻혔을 때 지구를 오염시키지 않는다는 점이 마음에 들었다.

두 번째로는 시중에 판매하는 은박 용기 높이가 낮아 빵이 눌린다는 단점이 있었다. 이에 따라 내가 원하는 도톰한 빵 모양이 나오지 않아 속상했었는데, 마침 높이도 맞는 친환경 용기를 발견했으니, 바꾸지 않을 이유가 없었다. 나는 무조건 예쁜 것을 좋아한다. 특히나 자식 같은 내 브랜드가 어디에 가서도 예쁘다는 칭찬을 들었으면 한다. 옛말에도 보기 좋은 떡이 먹기에도 좋다고 하지 않았던가!

브랜드가 내보이는 비주얼이 때로는 고객한테 브랜드 전부가 되기도 한다. 친환경 비누와 화장품을 판매하는 러쉬LUSH는 활달하고 적극적인 판매 전략을 선보이는 아르바이트생으로 유명하다. 하지만 이전부터 알록달록한 색감의 화려한 비누 그대로를 판매하며 국내에 상륙했다. 나 역시 처음 '비누만 파는 매장이 있다고?' 하며 러쉬 매장에 방문한 적이 있다. 포장되지 않은 비누가 다소 생소하게 느껴졌지만 마음을 빼앗는 색감은 물론, 자연에서 얻은 신선한 재료와 동물실험을 거치지 않은 원료로 만든 재료로 만들어 단번에 최애 브랜드가 되었다.

그런가 하면 출시한 지 10년 만에 글로벌 명품 아이웨어 브랜드가 된 젠틀몬스터 역시 비주얼로 전 세계를 사로잡은 브랜드다. 2011년 김한국 씨가 설립한 젠틀몬스터는 2020년 기준 한국, 미국, 중국, 유럽 등 전 세계 50개 직영 매장을 갖추고 있으며, 당당히 명품 브랜드들과 어깨를 나란히 하고 있다. 나는 일명 '전지현 선글라스'로 젠틀몬스터를 알게 됐다. 2014년 '별에서 온 그대'라는 드라마가 크게 유행했는데, 당시 천송이 역으로 분한 전지현 씨는 극 중 배우답게 선글라스를 자주 착용했다. 프레임이 세련되고 예뻐서 '천송이 선글라스', '전지현 선글라스'로 유행을 이끌었다. 나역시 어떤 선글라스일까 궁금해서 검색해 본 기억이 있다.

김한국 대표는 독특한 이력을 갖고 있다. 금융회사를 그만두고 작은 영어 교육 업체로 이직했는데 회사가 어려워지자 아이웨어 사업을 제안했단다. 사업 초기에는 매출이 그다지 높지 않아서 고심 끝에 연예인들이 많이 찾는 유명 타투이스트한테 선글라스와 안경을 대신 전해달라고 부탁했단다. 그런데 타투이스트는 비주얼이 예쁘지 않다며 그의 부탁을 거절했다. 그 말에 충격을 받은 김 대표는 그때부터 디자인 개발에 모든 걸 쏟아부었다. 그가 디자인에 집중한 결과 연매출 3,000억 원 이상을 올렸으며, 10년 만에 명품만 입점한다는 백화점 1층 자리에 매장을 개점할 만큼 유명한 브랜드가 되었다.

세련되고 매력적인 비주얼을 자랑하는 젠틀몬스터는 명품 브랜드와 협업하거나 유명인의 착용으로 그 인기가 더욱 극대화됐다.

4   중심을 갖되 차별성 갖기

내가 샌드위치 자판기를 들여놓겠다고 했을 때 사람들은 의아해했다. 샌드위치 자판기라는 게 없기도 했고, 수제 샌드위치와 자판기가 썩 어울리지 않는다는 이유였다. 그런데도 자판기를 들여놓을 수밖에 없었던 건 늦은 밤까지 가게를 지킬 수 없었기 때문이다. 제품의 신선도만 유지된다면 나쁘지 않다고 판단했다.

사실 아르바이트생을 구하려고 생각하고 있었다가, 최소 150만 원 이상의 월급을 주고 6개월을 고용했을 때를 계산해 보니 얼추 자판기를 구매하는 금액과 맞먹었다. 물론 누군가를 고용해 그의 생계유지에 도움이 되고 나 역시 도움을 받으면 좋았겠지만 처음 하는 사업이다 보니, 직원 관리에 자신이 없기도 했다. 더구나 사장 없이 바로 실전에 투입돼야 하는 직원이 내 샌드위치 맛을 똑같이 구현해 내기란 쉽지 않겠다는 판단이 들었다. 또한, 자판기는 까딱하면 중고로 되팔 수 있지만, 사람은 내칠 수 없지 않은가.

그렇게 샌드위치 자판기를 들여놓았는데, 다행히 '샌드위치 자판기'라는 키워드로 메이랩을 알리게 됐다. 직접 만든 수제 소스도 다른 샌드위치 가게와 차별성을 두는 데 한몫했다. 당연히 샌드위치 자판기에 넣는 샌드위치도 가게에서 파는 것과 똑같은 재료로 만들어 판매했다.

치열한 시장 경제에서 살아남기 위해 차별화는 선택이 아닌 필수다. 하지만 중심을 갖지 않고 이리저리 휘둘리다 보면 그야말로 죽도 밥도 되지 않는다. 빠르게 변화하는 소비자의 니즈를 충족시키려면 시의적절한 차별화 전략을 펼쳐야 한다.

광고의 대가 레이먼드 루비컴Raymond Rubicam이 만든 광고회사 영앤루비컴은 브랜드가 소비자에게 강력하게 어필하기 위해서 차별성, 연관성, 이해도, 존중도 가운데 차별성이 가장 중요한 항목을 차지한다고 말한다. 다른 브랜드와 차별을 두기 위해서는 같은 업종 가운데 다른 브랜드, 다른 점포는 하지 않는 색다른 이슈나 이벤트를 만들어야 한다. 그리고 그 이슈와 이벤트가 소비자의 감성이나 니즈를 충족시켜야 한다.

이때 소비자의 니즈를 알기 위해서는 감이 아니라, 소비자가 무엇을 원하는지, 소비자가 원하지만, 현재 없는 것이 무엇인지를 알아내야 한다.

강력한 브랜드를 위한 차별화 전략
소비자 니즈 파악 → 다른 브랜드는 하지 않는 것 시도 → 색다른 이슈나 이벤트 만들기 이렇게 브랜드와 브랜딩에 대해 이야기해 보았다. 브랜드와 브랜딩에 관해 보다 자세한 이론들이 많겠지만, 이 책에서는 전문가가 아닌 일반인들도 쉽게 브랜드를 만드는 방법에 관해 이야기할 예정이라 더 이상 다루지 않는 게 맞다.

다음 장에서는 그동안 내가 만든 다른 브랜드들을 어떻게 만들어 왔고, 이제 막 자신만의 브랜드를 만들고자 하는 일반인의 관점에서 어떻게 적용할 수 있는지에 대해 이야기해 보려고 한다.

마음을 움직이는 브랜딩

3장

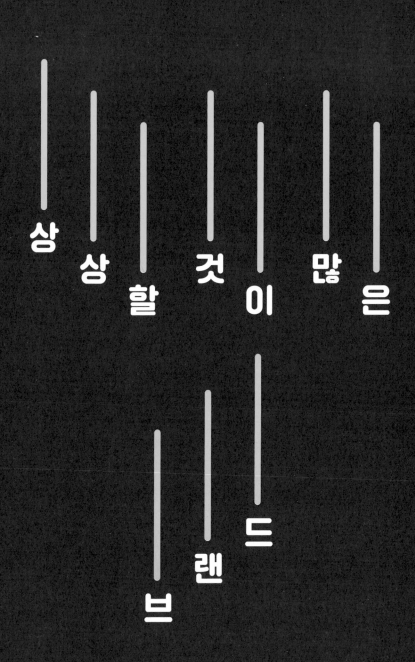

모두가 공감하는 빛나는 채소 - 빛채공감

 2021년 초, 코로나19와 계절 여파로 주문이 잠시 주춤했지만, 넋 놓고 있을 수는 없었다. 그동안 케이터링닷컴과 메이랩을 운영하며 손대지 못했던 SNS 활동을 본격 시작했고, 원고 집필과 소자본 창업 수업 등으로 여느 때처럼 바쁜 날을 보냈다.

 그런데 서서 요리하거나 작업할 때와 달리 앉아 있는 시간이 많아지다 보니 혈액순환이 잘 안되는지 몸도 찌뿌둥하고, 자꾸만 살이 쪘다. 다이어트는 평생 숙제라는 말을 온몸으로 실감하게 됐다. 이대로는 안 되겠다 싶어서 다이어트를 결심하고, 샐러드 한 달 치 정기배송을 신청했다.

 다이어트를 해본 사람은 알겠지만, 다이어트를 결심할 때 가장 먼저 바꾸는 것이 식단이고, 식단 하면 떠오르는 것이 샐러드와 삶은 달걀이다. 그런데 막상 샐러드를 먹자니 먹기가 싫어져서, 냉장고에 하루 이틀 방치하다 보면 금세 시들고, 급기야 물이 생겨 음식물쓰레기와 함께 버려지기 일쑤다.

달걀은 또 어떤가. 다이어트할 때 꼭 필요한 완전식품이지만, 삶기도 귀찮고 이틀만 연속해서 먹어도 물린다. 그래도 샐러드보다는 달걀이 더 맛있으니 달걀부침도 해보고 달걀말이도 해 먹지만 식욕만 돋우어 어느새 밥도 같이 먹게 된다. 그렇게 다이어트는 실패하고 며칠 뒤 또 관리가 필요하다는 생각이 들면 또다시 샐러드를 주문하는 악순환이 반복된다.

결국 다이어트는 식단인데 영양을 챙기면서 입도 즐거운 식단이 뭐 없을까 고민했다. 그렇게 만든 것이 '빛채공감'이다. 평범한 샐러드는 싫고, 식단 관리 때문에 소중한 한 끼를 대충 때우고 싶지 않았다. 신선한 채소와 토핑, 잡곡밥을 함께 먹으면 입도 즐겁고 건강도 챙기는 건강한 다이어트식이 되지 않을까 싶었다.

물론 이와 비슷한 다이어트식으로 '포케'라는 음식이 있다. 포케는 깍둑썰기한 연어 같은 해산물과 채소를 소스에 비벼 먹는 하와이식 덮밥이다. 우리나라에는 2020년부터 대중화되기 시작했는데, 연어뿐 아니라 닭가슴살, 오리고기, 참치, 두부 등 다양한 음식 재료가 들어간다. 베이스는 현미밥이나 메밀면 등을 사용해 전체적으로 당이 적고 열량도 낮지만, 포만감이 있어 다이어트 음식으로 사랑받고 있다.

문제는 포케가 자주 먹기에는 낯설고 이국적인 음식이라는 점이다. 포케에 들어가는 채소 역시 양상추나, 양배추, 치커리 등 다이어트할 때 주로 먹는 샐러드 채소다. 포케가 맛없다는 게 아니라 한국 사람, 혹은 한식파인 사람에게는 낯선 외국 음식이라는 점이 아쉬웠다. 조금 더 우리 입맛에 맞는, 건강한 다이어트 음식이 필요했다.

포케나 샐러드를 우리나라식으로 재구성해서 브랜드를 만들면 어떨까? 하는 아이디어가 떠올랐고, 바로 시장조사에 들어갔다. 우선 내가 생각한 제품과 비슷한 제품을 판매하고 있는 경쟁업체 몇 군데를 꼼꼼하게 조사했다.

마음을 움직이는 브랜딩

	A사	B사	C사	D사
대표 메뉴	버섯 샐러드	두부 샐러드	채소 샐러드	새우 샐러드
가격	7,500원	8,000원	7,900원	13,500원
최근 주문 수	500	1,000	200	2,000
찜	60	687	187	1,048

가계 통계

최근 주문 수	700+
전체 리뷰 수	400+
찜	314

다음은 성공하는 창업 공식 5단계다.

- 1단계 ｜ 아이템 선정
- 2단계 ｜ 고객층 선정
- 3단계 ｜ 콘셉트 정하기
- 4단계 ｜ 경쟁자 분석하기
- 5단계 ｜ 사업계획서 작성하기

이 과정은 브랜드를 만드는 데 필요한 공식으로 적용해도 무리가 없다. 다만 브랜드를 만드는 과정에서 순서는 조금 바뀌어도 상관없는데, 나의 경우 브랜드를 만들고 싶은 욕구가 생기거나 아이디어가 떠오르면, 간단한 시장조사를 해서 시장성이 있는지부터 타진해 보는 편이다. 그런 후 아이템을 구체화하고, 고객층과 콘셉트를 정한 다음 내가 정한 아이템과 비슷한 경쟁업체는 어떤 식으로 운영하는지 다시 직접 현장에 가서 살핀다.

다시 빛채공감 이야기로 돌아가서 경쟁업체 분석표를 살펴보자. 우선 구체적으로 아이템을 선정하기 전, 내가 생각하는 브랜드가 시장성이 있는지 간단하게 알아보는 방법이 있다.

바로 배달 앱을 이용하는 것이다. 배달 앱을 켜서 자신이 생각하고 있는 아이템과 비슷한 가게 몇 군데를 정한다. 별점 순으로 검색했을 때 차상위에 있는 업체 두세 군데, 중간쯤에 나오는 업체 두세 군데, 맨 아래 있는 업체 한 군데를 정한 다음 대표 메뉴와 가격을 입력한다. 그런 다음 정보에 들어가 가게 통계를 기록한 뒤 나머지 운영 시간, 휴무일, 배달반경 들도 기록한다.

이렇게 한 가게의 통계만 보면 언뜻 주문이 많이 나가는지, 적게 나가는지 알 수 없다. 하지만 앞서 정리한 표를 보면 대표 메뉴 가격 대비 주문 수가 가게별로 얼마나 차이 나는지 쉽게 알 수 있다. 표에서 알 수 있듯 가격이 가장 저렴한 업체는 A사인데, 주문은 대표 메뉴의 가격이 가장 비싼 D사가 훨씬 많이 나갔다.

물론 이 비교는 절대적인 수치가 아니다. 가게 문을 연 시점도 감안해야 한다. 하지만 당시 내 걱정은 아이템 자체가 아니라, 가격경쟁력이었기 때문에 좋은 재료를 써서 단가가 좀 높아지더라도 충분히 시장성이 있다고 판단했다.

가격에 대한 시장조사를 마치고 상품성이 있다고 판단되자 좋은 재료로 한국인 입맛에 맞는 다이어트 샐러드 비빔밥을 만들면 충분히 잘 팔리겠다는 믿음이 생겼다. 곧바로 아이템 개발에 들어갔다. 비빔밥처럼 든든하되 칼로리는 낮아야 했기에 백미 대신 잡곡밥을 썼고, 메인 토핑은 불고기, 닭가슴살, 스테이크 등을 올려 포만감과 입의 즐거움을 사로잡았다. 그 외 채소는 버섯, 단호박, 브로콜리 등 다이어트에 꼭 필요한 영양을 갖추고 있으면서 우리에게 친숙한 재료를 사용했다. 각 메뉴에 걸맞은 소스 역시 따로 개발했다. 가장 처음 개발하고 주력 메뉴로 삼으려고 했던 불고기 샐러드 비빔밥의 드레싱은 고추장을 기본으로 한 드레싱이었는데, 텁텁하지 않고 가벼우면서 재료와 식감을 살릴 수 있는 데에 초점을 맞췄다.

▬▬▬▬ 상표등록 부적합 예시

메뉴 개발을 하면서 틈틈이 제품들에 대한 네이밍을 떠올렸다. '샐러드'라는 말은 다이어터들에게 이미 너무 질려 버린 부정적인 키워드일 것 같아서 네이밍에 넣지 않을 생각이었다. 그렇다고 '비빔밥'이라는 키워드를 사용하자니 다이어트 느낌이 들지 않아 이 단어 역시 처음부터 탈락시켰다.

'채소'라는 단어가 머릿속에서 맴돌았다.

'나를 건강하게 만들고, 빛나게 해주는 채소를 맛있게 먹는 요리!'

이런 내용을 담을 수 있는 단어가 없을까, 고민하며 '나를 빛나게 하는 채소'라는 키워드를 적어놓았다. 바로바로 아이디어가 떠오르지 않을 때는 책과 인터넷을 검색하거나 여유롭게 산책했다.

그러다 누가 한식 느낌이 나는 키워드인 '수라'를 더해 '비채수라'라는 이름을 추천해주었는데, 꽤 마음에 들어 상표등록을 하려고 봤더니 아쉽게도 '수라'가 고유명사라 상표권 출원을 거절당했다.

여기서 잠깐, 상표등록이 거절되는 사유를 미리 알면 네이밍할 때 좋은 네이밍을 짓고도 등록하지 못해 아쉬워할 일이 없으니 간단히 알아보자.

1   혼히 사용하는 보통명사

A라는 사람이 비빔밥 가게를 창업한다고 했을 때 '비빔밥'이라고 상표등록하는 것은 불가능하다. 다른 비빔밥 가게를 창업하려는 사람은 '비빔밥'이라는 상호를 쓸 수 없기 때문이다. 특허청은 이처럼 누구나 사용할 수 있는 보통명사나 통상적으로 사용되는 관용적 표현의 독점을 막기 위해 이러한 단어는 상표등록을 해주지 않는다. 그러나 간혹 예외도 있다.

1) 식품이나 과일의 이름을 다른 물건으로 상표등록할 때

예를 들어, 과일가게에서 '자몽'이라는 이름으로 상표등록을 신청하면 거절된다. 통상적으로 다른 가게도 과일 이름으로 짓고 싶어 할 테니 말이다. 하지만 액세서리나 전자기기 등 다른 업종에서 '자몽'으로 상표등록을 하고자 한다면 이 경우에는 가능할

수도 있다. 음식이나 과일이 아닌 다른 업종에서 '자몽'이라는
단어를 통상적으로 사용하지 않기 때문이다.

2) 불닭의 대중화

우리는 흔히 매운 음식 앞에 불처럼 뜨겁고 화끈하다는 의미로
'불'이라는 단어를 붙인다. 불짬뽕, 불족발, 불닭발 등. 누가 먼저
시작했는지 알 수 없지만 매운 음식 앞에 '불'을 접두사처럼 쓰
는 것이 관행이 되었다. 그런데 2000년에 누군가 '불닭'이라는
단어로 상표등록을 한 적이 있다. 이때는 '불닭'이라는 단어가
흔치 않았기 때문에 상표등록이 가능했다. 하지만 지금은 '불닭'
이라는 단어가 마치 고유명사처럼 쓰이고 있다.

어떻게 가능했을까? 처음 '불닭'을 상표등록한 사람이 손해배상
을 청구하지 않았기 때문이다. 이후 '불닭'은 업계에서 보통명사
가 되었고, 최초로 등록된 '불닭'의 상표권은 소멸되었다.

2   단순한 문자나 형태

가, 나, 다 또는 A, B, C, 1, 2, 3 등 한두 글자로 이루어
진 문자는 상표등록이 될 수 없다. 가령 '가' 또는 'A'로만 상표등록
을 할 수 없다. 상표등록 자체의 식별성이 떨어지기 때문이다.

3   성질이나 효능 또는 원산지를 나타내는 단어

네이밍을 할 때 가장 흔히 하는 실수 중 하나가 온갖 미사여구를 넣는 것이다. 자신의 브랜드를 최고로 돋보이게 하려고 좋아 보이는 수식어를 다 넣고 싶은 마음은 이해한다. 하지만 원조, 명품, 유기농, 무농약, 감량 등의 단어를 상표로 등록할 수 없다. 이러한 단어가 허용되기 시작하면 단어가 남발될 가능성이 크기 때문이다. 또한 해당 제품이나 브랜드에 대한 품질을 인증받거나 유지할 수 있는지 알 수 없어 소비자의 혼란을 가중할 수 있으므로 거절 사유가 된다.

다만 예외도 있다. 다른 단어나 이미지와 결합해 해당 단어가 한 덩어리처럼 보이게 하면 상표등록이 가능할 수도 있다.

4   국가 기관이나 이미 정해져 있는 명칭

당연한 말이지만 국가정보원, 국립과학수사 등 정부 기관의 명칭은 상표등록이 불가능하다. 소비자의 혼란을 막기 위한 것이며, 이미 존재하고 있는 텔레비전 프로그램 이름이나 대중들이 알 만한 명칭 역시 거절된다.

5   이미 있는 상표와 혼동하기 쉬운 상표

이미 등록된 상표와 똑같은 명칭은 물론 비슷한 상표

가 이미 있다면 상표등록이 거절될 수 있다. 이를 미투 브랜드(유사 상표 브랜드)라고 한다. 가령 '나이키'라는 브랜드가 이미 버젓이 있는데, 같은 업종에서 '나이스'로 상표등록을 할 수 없다.

네이밍이 잘 안 풀릴 때

'비채수라'라는 단어가 퍽 마음에 들었기 때문에 상표등록이 거절되고 한동안 멘탈이 나갈 만큼 허무하고 기운이 빠졌다. 누구나 한 번쯤 '와, 이거 진짜 대박이다!' 싶은 사업 아이템이나 아이디어가 떠올라 흥분한 경험이 있을 것이다. 천재인가 싶을 만큼 번뜩이는 아이디어라고 생각했는데, 막상 그것을 구현하거나 시도하려고 알아보면, 이미 존재하는 아이템이거나 과정에서 절차상 어려움을 겪게 되는 경우가 있다. 이럴 때 대부분 '역시, 좋은 건 누가 이미 하고 있다니까', '거봐, 어차피 난 못했을 거야'라며 쉽게 포기한다. 사실 시도하려는 것도 대단하다고 손뼉 쳐주고 싶다. 90%는 생각에서만 그칠 테니 말이다.

다음 네이밍으로 떠올렸던 것이 빛채마을, 빛채마음, 비채식탁, 비채초록, 빛채초록 등이었다. 위 5가지 모두 괜찮은 네이밍이라고 생각했지만, '빛채'라는 단어 발음이 어려워서 일단 빛채초록은 탈락시켜야 했고, 비채초록은 어떤 것을 상징하는지 전혀 떠올릴 수 없었다. 빛채마을은 아이템과 어울리지 않아서, 비채식탁은 어감이나 글씨가 예쁘지 않아서 탈락시켰다. 그렇게 남은 것이 빛채마음이었는데, 어딘가 심심한 느낌을 지울 수 없었다.

그렇게 책상 앞에 앉아 그동안 네이밍한 목록을 정리하는데 문득 책상 옆에 있던 책 1권이 눈에 띄었다. 마리아 로스_{Maria Ross}가 쓴《공감은 어떻게 기업의 매출이 되는가》라는 책이었다. 우연인지 필연인지 마침 배경 음악으로 깔아두었던 노래에서 이오공감의 '한 사람을 위한 마음'이 흘러나왔다. 그때 마침 누군가 머릿속에 있던 커튼을 활짝 쳐준 기분이 들었다. '공감'이라는 키워드가 머릿속을 강타한 것이다. 그렇게 빛채와 공감을 더해 '빛채공감'이라는 네이밍과 슬로건이 동시에 떠올랐다.

'모두가 공감하는 빛나는 채소!'

발음, 슬로건, 브랜드를 만들게 된 스토리까지 삼박자가 모두 맞아떨어졌다.

세상에 없는 말을 창작해 만들어내는 것은 쉽지 않다. 하지만 주변에 흔히 널려 있는 단어도 어떤 단어와 결합하느냐, 어떤 의미를 주느냐에 따라 새로운 발견이 될 수 있다.

네이밍뿐만이 아니다. 아이디어를 실현할 때, 브랜드를 만들 때, 어떤 일을 하기로 결심했을 때……, 처음에는 어떻게 해야 할지 모르겠고, 무엇부터 시작해야 할지 모를 때가 많다. 그럴 때는 잠시 멈춰 당장 내 주변을 둘러보자. 자신이 어떤 콘텐츠를 보고 있는지, 책상에 놓여 있는 책들은 무엇인지, 즐겨찾기 한 노래에는 무엇이 담겨 있는지를 보는 것이다. 유튜브와 인스타그램은 어떤 콘텐츠를 구독하고 있는지도 살펴보자. 그리고 그것들을 왜 구독하고 있는지, 다른 사람들은 왜 그 콘텐츠를 좋아하는지 차분히 정리한다.

일을 시작할 때는 그 일에 대한 목표가 무엇이며, 그 일을 위해 어떤 과정을 처리해야 하는지 머릿속으로 다음 스텝을 떠올리며 정리한다. 그리고 그것을 실행하면 그뿐이다.

네이밍도, 아이디어도 어떤 일을 시작하는 것 모두 자신으로부터 뻗어나간다. 그러니 우선 자신의 주변에 흐트러져 있는 생각이나 물건을 정리하는 것으로 생각의 물꼬를 트는 것이다.

물꼬란 논에 물이 넘어 들어오거나 나가게 하려고 만든 좁은 통로다. 실제로 물꼬는 생각보다 좁고, 파는 것도 금세 한다. 그런데 한 번 물꼬를 트면 말라 있던 논에 사정없이 물이 들어온다. 네이밍도, 세상일도 마찬가지다. 일이 잘 안 풀린다고 생각될 때 지금 당장 갇혀 있는 생각의 물꼬를 터주어야 한다. 내 관심사가 어디서 시작되는지, 혹은 지금 당장 내가 해야 할 일은 무엇인지, 다른 이들은 어떤 키워드를 좋아하는 지 등등. 그러면 자연스럽게 아이디어가 찾아오고, 무엇을 해야 할지 선명하게 보인다.

'빛채공감' 역시 그 무렵 내가 '공감'이라는 키워드에 꽂혀 있었으므로 네이밍할 수 있었다. 아마 공감이라는 키워드에 관심이 없었다면 그 책이 책상에 놓여 있지도 않았겠지만, 책상 위에 있어도 별다른 감흥을 느끼지 못했을 것이다.

마음을 움직이는 브랜딩

▬▬▬ 새로운 의미 부여하기 – 식사하다

하얀색 식탁보에 남색과 금색 식사 매트를 깔고, 가운데는 화병을 놓는다. 나에게 가장 소중한 공간이자, 가족이 모두 모이는 유일한 자리인 식탁. 어떤 집에서는 그저 한 끼 때우는 공간으로, 어떤 집에서는 식사만 하는 곳이 아닌 아이들이 숙제하는 책상 겸용이거나 일하는 작업 공간으로 사용될 수도 있다.

더 어린 시절에는 식탁이 없어서 갈색 교자상을 펼쳐 밥을 먹곤했다. 아버지가 상을 펼치면 내가 행주로 상을 닦고, 수저를 놓았다. 점심을 먹자마자 저녁은 또 뭘 해먹이나 걱정하시던 어머니는 마술사처럼 맛있는 찌개와 이런저런 반찬과 새로운 요리를 내놓으셨다. 아버지께서 '찌개가 맛있네' 하면 모든 가족이 수저를 들어 식사를 시작했다. 식사를 준비하느라 분주하셨던 어머니도, 온종일 밖에서 힘들게 일하신 아버지도, 공부하느라 힘들었던 언니들도 모두 한자리에 두런두런 앉아 얼굴을 마주하며 안부를 물었다.

나에게 '식사'란 추억이자, 현재, 미래다. 그만큼 '먹는 것'에 대해 진심인 편이다. 그러고 보면 식사는 인간을 살아가게 하는 원동력이자 원천인 것 같다. 요즘 유행하는 소식좌마저도 맛에 대한 욕구가 없는 것은 아니다. 이왕이면 맛있고, 건강하고, 살찌지 않게 먹는 것이 요즘 사람들이 생각하는 식사에 대한 생각이다.

최근 상표등록을 한 '식사하다'도 전혀 새로울 것 없는 단어지만 한자 '食事'를 '食思'로 바꾸어 상표등록을 했다. 우리나라 사람은 다른 사람에게 인사할 때 '식사하세요' 또는 '식사하셨어요?'라고 묻는다. 본래 食事는 '밥을 먹는 일'을 뜻하지만, 곰곰이 생각해 보면 우리는 끼니를 때우기 전에 무얼 먹을까 생각한다. '오늘은 또 무얼 먹을까?', '무얼 먹어야 맛있게 먹을 수 있을까?' 하는 생각에서부터 식사가 이미 시작된다.

'食思하다'는 음식을 먹고 싶어 하는 욕망이기도 하다. 단순히 밥을 먹고 싶어 하는 욕망이 아니라 '어떤 음식을 먹을까 생각하는 것', '밥을 먹는다는 즐거운 생각'으로 재해석한 것이다. 이렇게 '식사하다'에 메이랩의 또 다른 브랜드라는 의미를 부여하기 위해 '5월의 봄날 같은 하루, 食思하다'로 최종 등록했다.

'하늘 아래 새로운 것은 없다'라는 말이 있다. 세상에는 전혀 없는 것을 창조해내는 사람보다 기존에 있던 것의 틀을 달리 생각하거나, 기존에 있던 것끼리 결합해 새로운 아이디어를 창조해내는 사람이 훨씬 많다.

제주도에 있는 떡 디저트 카페인 '카페쌀쌀'도 떡과 쌀을 재해석해서 독특하고 기발하게 네이밍한 사례다. 흔히 떡을 파는 곳은 떡집, 떡방앗간을 떠올리게 하는 구수한 이미지가 있다. 하지만 같은 떡이라도 '떡'을 부각시켜 마케팅하는 것이 아니라 '쌀로 만든 건강한 디저트'라는 이미지로 마케팅하고, 네이밍도 그에 걸맞게 의미를 부여하면 트렌디한 브랜드가 될 수 있다.

여기서 '유기농 쌀 디저트 카페'라고 짓는다면 어땠을까? 당연히 밋밋하고 심심해서 소비자의 눈길을 끌지 못했을 것이다. 하지만 '쌀'을 연이어 붙이니 통통 튀는 재미가 담긴 네이밍이 되었으며, 덕분에 '카페쌀쌀'은 남녀노소 누구나 즐길 수 있는, 인기있는 떡 카페가 되었다.

빛채공감, 식사하다, 카페쌀쌀 모두 한 음절, 한 단어씩 뜯어 보면 낯선 단어가 아니다. 하지만 센스 있게 섞은 이름을 들었을 때 소비자에게 상상할 여지가 생긴다.

'어떤 브랜드일까?'
'내가 생각하는 그 메뉴가 맞을까?'
'흔한 단어인데 이름이 센스 있다!'

늘 걷던 같은 길도 반대편에서 걸으면 또 다른 새로운 면이 보이는 것처럼, 흔한 단어도 새롭게 조합하고, 타당한 의미를 부여하면 전혀 다른 면을 볼 수 있다. 이를 '낯설게 하기 기법'이라고 하는데, 이렇게 낯설게 하기를 사용해 네이밍을 하면 소비자에게 센스 있는 브랜드로 기억에 남는다.

고객이 브랜드를 선택하는 이유

소비자들의 소비 형태는 달마다, 해마다, 세대마다 바뀐다. 한때 가성비를 외치며, 가격 대비 성능을 고집하던 시대가 있었다. 물론 지금도 우리는 어떤 분야는 가성비를 중점에 두고 소비한다. 하지만 요즘은 대체로 가심비가 트렌드다.

서울대학교 소비트렌드분석센터에 따르면, 2018년 소비 흐름 가운데 하나가 '가심비'였다. 가심비란 가격 대비 마음의 만족을 추구하는 소비 형태를 말한다. 즉, 가격에 상관없이 심리적인 만족 감을 추구한다는 뜻이다.

2020년 코로나19 이후에는 '가안비'라는 새로운 용어도 등장했 다. 비용이 더 들더라도 건강과 안전을 더 추구하며 소비한다는 뜻 이다. 이처럼 소비자들은 비용을 떠나서 자신의 만족과 건강, 안전 을 추구하는 경향이 있다.

어느 정도의 비용을 더 내더라도 내 마음이 흡족하거나 SNS에 올 렸을 때 인정받을 수 있다면 기꺼이 값을 치르는 게 사람 마음이다.

우리는 살아가면서 많은 결정을 내린다. 아침에 일어나면 당장 씻을지 5분 뒤에 씻을지, 무슨 옷을 입을지, 점심은 무얼 먹을지, 퇴근 후에는 무얼 할지, 옆자리 동료 생일에 선물을 해야 할지 말 아야 할지, 축의금은 얼마를 해야 할지 등등 결정할 게 얼마나 많 은가. 그런데 그때마다 충분한 시간을 들여 꼼꼼히 따져볼 수 있다 면 좋겠지만, 바쁜 현대사회에서 모든 것을 심사숙고하기란 불가 능하다. 또 그렇게 해봐야 머리만 아플 뿐이다.

인생의 중대사를 결정할 때는 심사숙고하는 게 당연하지만, 자 잘한 소비까지 공들여 고민할 필요가 있을까? 따라서 사람들은 모 든 정보를 꼼꼼히 따져서 판단하기보다는 경험이나 몇 가지 정보

만으로 쉽게 결론을 내린다. 이것을 심리학 용어에서는 '휴리스틱heuristic'이라고 한다.

가령 인터넷 쇼핑몰에서 마스크를 산다고 해보자. 인터넷 검색창에 '마스크'라는 단어를 친다. 그러면 수십, 수백 개의 인터넷 쇼핑몰에서 판매하는 마스크가 화면에 뜬다. 그 가운데 대부분은 같은 제조사에서 만든 마스크인데 판매자만 다른 경우가 많다.

A 제조사에서 도매가 100원에 마스크를 판매하면 중간 유통업체인 인터넷 판매처 B, C, D가 해당 상품을 가져가 파는 것이다. 그런데 품질, 가격, 성능이 똑같은 A사의 마스크를 다음과 같이 판매한다고 가정해 보자.

- B : 국내산 KF94 마스크 / 50매 17,500원
- C : 100% 국산 원자재 KF94 / 50매 18,000원
- D : 숨쉬기 편한 100% 국산 KF94 마스크 / 50매 18,500원

키워드에 똑같은 정보가 들어가 있으며, 상세페이지까지 확인하면 성능이나 제조사가 같다는 것도 알 수 있다. 그러나 대부분 1,000원이 더 비싼 D사의 마스크를 살 확률이 높다. 휴리스틱이 작용하기 때문이다. 우리나라 마스크는 대체로 성능이 뛰어나다. 그런데 이왕 성능이 같다면, 숨쉬기도 편하고 100% 국산 재료를 사

용한 마스크가 더 안전하고 괜찮다고 느낀다. 게다가 숨쉬기 편하다는데 그까짓 1,000원쯤 더 지불하는 것에 부담을 느끼지 않는다.

이처럼 소비자가 브랜드를 선택할 때 품질이나 원산지, 재료 등을 꼼꼼하게 비교해서 선택할 것 같지만 의외로 첫인상이나 떠오르는 이미지만으로 브랜드를 선택하는 경우가 많다. 그러니 이왕이면 브랜드 이름과 이미지는 세련되거나 센스 있거나 재미있어야 한다.

센스 있는 네이밍의 법칙-
큐브샌드위치와 치즈폭포

센스 있고 기발한 네이밍을 하는 방법은 다음과 같다.

1   모양을 보고 사물을 연상하는 방식

큐브샌드위치는 말 그대로 아이템의 모양을 본떠 직관적으로 만들었다. 큐브샌드위치는 큐브처럼 생긴 동글 네모난 빵에 맛있는 재료가 들어 있는 샌드위치다. 아무리 맛있는 샌드위치라도 먹다 보면 소스가 흐르고 채소가 빠져서 먹기 불편했고, 결국 마지막에 식빵만 남게 되는 경우가 한두 번쯤 있을 것이다. 이런 단점을 보완하기 위해 전국에 빵 납품 업체를 다 찾아다녔지만, 마음에 드는 빵 모양을 찾지 못해 빵 공장까지 찾아갔다.

그러고는 큐브샌드위치에 어울릴 만한 빵 모양을 맞춤 제작했다. 여기에 몬테레이잭 치즈, 체다 치즈, 케소케사디아 치즈, 아사다로 치즈, 파마산 치즈, 모짜렐라 치즈 등 무려 6가지 치즈를 조합해 최적의 치즈 맛을 냈다. 단짠단짠에 고소한 풍미를 더한 치즈 베이스에 불고기, 핫치킨, 바비큐폴드, 바질페스토 등 4가지 샌드위치 메뉴를 만들었다.

폭포처럼 늘어나는 치즈에 도톰하고 동글동글한 빵이 입안을 가득 메워 포만감과 만족감을 준다. 게다가 치즈가 재료와 어우러져 내용물도 잘 빠지지 않고, 모양까지 귀엽다. 네모지고 앙증맞은 식빵 모양에서 착안해 '큐브샌드위치'라는 네이밍을 떠올렸다.

야외에서 고기를 구워 먹을 수 있는 '솥솥'이라는 가게가 있다. 캠핑처럼 모닥불을 피워 놓고 고기를 구매해 직접 구워 먹는 콘셉트인데, 늘 예약이 차 있어서 주말에는 며칠 전부터 예약을 해두어야 한다. 가게 앞에는 아래와 같은 문구가 적힌 간판이 있다.

"불판이고 나발이고 솥뚜껑이 최고다."

캠핑의 묘미가 바로 야외에서 음식을 해 먹는 것인데, 수십 가지 짐을 꾸리고 다시 캠핑장에서 세팅하는 것이 여간 힘든 일이 아니다. 그런데 솔솔은 캠핑장 분위기를 느끼면서 솥뚜껑에 고기를 구워 먹을 수 있으니, 캠핑을 하고 싶지만 못하거나 하지 않는 사람들을 제대로 저격한 셈이다. 게다가 통통 튀는 이름까지!

모닝빵을 보고 모양이 연상되는 네이밍 해보기

　　'육육걸즈', '허닭', '인생네컷' 등 주제어가 그대로 드러나도록 짓는 방법이 있다. 기존의 인터넷 여성 의류 쇼핑몰들이 마른 모델을 내세워 44~55 사이즈만 판매하던 것에 반해, 육육걸즈는 보통의 여성들 혹은 66 사이즈를 입는 모델을 내세워 누구나 잘 맞는 옷을 판매한다. 틈새를 잘 파고든 육육걸즈는 66 사이즈 여성 옷을 파는 대표 쇼핑몰이 되었고, 2021년 매출액은 457억을 넘겼다.

　허닭 역시 말 그대로 닭을 판매하는 곳이다. 10여 년 전만 해도 닭은 치킨 아니면 백숙용으로 파는 것이 거의 전부였다. 그런데 2010년, 평소 운동에 관심이 많던 개그맨 허경환 씨가 헬스와 식단 관리가 유행을 탈 무렵 닭가슴살을 쉽게 먹을 수 있도록 만들었다. 그리고 자신의 성을 붙여 허닭을 창업했다. 허닭은 나날이 승승장구했고, 연매출 700억을 달성하며 닭가슴살 브랜드 1위 자리를 지키고 있다.

　이처럼 자신의 브랜드를 메인 키워드로 내세우고, 거기에 다른 단어를 조합해서 해당 카테고리를 대표하는 브랜드를 만들어 보자.

마음을 움직이는 브랜딩

3   단어 조합하기

보드게임 중에 '스크래블'이라는 게임이 있다. 아들

이 어릴 때 종종 하던 게임인데, 규칙은 간단하다. 보드 위에 단어를 만들어내서 가장 높은 점수를 얻는 사람이 이기는 방식이다. 보드 위에 타일을 조합해 단어를 생각해내는 게 처음에는 쉽지만 갈수록 타일 수는 적어지고 흔하지 않은 단어까지 떠올려야 한다. 타일이 몇 개 남지 않았을 때 단어를 만들어내면 그 쾌감과 성취감은 이루 말할 수 없다.

팬데믹이 어느 정도 완화되어 막혀 있던 하늘길이 조금씩 열리기 시작하면서 그동안 정신없이 달려온 나와 그런 나를 묵묵히 응원해준 남편이 고마워 해외여행을 알아보기 시작했다. 그런데 PCR 검사니, 영문 검사지, 자가격리, 예방접종 확인서 등 팬데믹 전보다 챙겨야 할 게 수십 가지는 늘어나 있었다. 여행을 포기하고 싶어질 정도로 복잡하고 어려운 느낌이 들던 그때, 검색 중에 '여행이지'라는 사이트를 발견하게 되었다.

다른 여행 사이트보다 한결 쉬워 보이는 UI 디자인과 여행 상품을 주문하는 방식이 편하게 되어 있었다. 캐치프레이즈도 '그래, 이게 바로 여행이지'다. 인상적이었던 것은 여행을 추천해주는 방식 가운데 하나가 주어와 상황을 조합하는 것이었다.

이처럼 여행이지는 단어 조합을 브랜드에 적극적으로 반영한 사례로 꼽을 수 있다. 기억에 남을 만한 브랜드 네이밍 때문인지 UI 때문인지 알 수 없지만, 여행업계 3위에 안착하며 대형 여행사로 성장하고 있다.

"창조의 모든 행위는 파괴에서 시작된다.

좋은 예술가는 모방하고, 위대한 예술가는 훔친다."

파블로 피카소가 남긴 명언이다. 피카소는 1881년에 태어나 입체주의 거장으로 평가받고 있다. 그림에는 문외한이었지만 메이랩을 운영하며 종종 그림 전시회를 보곤 하는데, 피카소 탄생 140주년 특별전은 꽤 인상적이었다. 특히 '마리테레즈의 초상'과 '한국에서의 학살'이 기억에 남는다.

피카소의 그림을 실제로 보았을 때 느낀 신비로움과 감동은 책에서 보던 것과 견주지 못한다. 피카소는 사물의 여러 방향을 한 폭에 담아낸 혁신적인 화법으로 유명하다. 그림은 오래됐지만, 그 기법과 색감은 여전히 신선하고 놀라웠다.

사물을 보이는 면만 그리는 고전주의에서 벗어나 앞뒤, 양옆을 한 자리에 그린다. 의아한 것은 사람이 오히려 평면도처럼 평평해졌는데 이 기법을 '입체주의'라고 한다. 사물을 여러 각도에서 본 모습을 한자리에 모아 본연의 모습을 보여주는 것이다.

단어를 조합하는 일도 마찬가지다. '하늘'이라는 단어도 본래는 같은 울타리라는 뜻의 '한울·한울'이었다. 'ㄴ'이 내려앉아 하눌이 되고, 끝내 하늘이 되었다. 이렇게 주변에 흔히 널려 있던 사물이나 단어도 본질을 보기 위해 파고들다 보면 어느 것 하나 허투루 만들어지는 것이 없다는 것을 알게 된다.

'치즈폭포'를 상표등록했을 때도 마찬가지였다. '치즈'와 '폭포'. 따로 두고 보면 전혀 어울리지 않는 단어다. 샌드위치 책을 작업하면서 치즈햄버거라는 메뉴가 있었다. 햄버거 안에 치즈를 넣는 것이 아니라 햄버거 위에 치즈를 붓는 메뉴였는데 흘러내리는 치즈가 폭포처럼 느껴졌다. 그리고는 폭포, 치즈 단어가 머릿속에서 맴맴 돌더니 '치즈폭포'가 되어 내려앉았다. 워낙 치즈를 좋아하기도 했고, 치즈와 관련된 메뉴 개발에 사용할 수 있을 것 같아 2020년 10월에 바로 상표를 출원했다.

이처럼 네이밍을 할 때 내가 만들 브랜드의 주제를 직관적으로 바라보고 관련된 단어를 수집해 보기를 권한다. 옷, 자동차, 화장품, 향수, 방향제, 귀걸이 등등 메인이 되는 주제어를 놓고 익숙하고 흔하게 느껴지는 단어라도 갖다 대보는 것이다. 이런 식으로 여러 단어를 자꾸 조합하다 보면 익숙한 단어들 사이에서 전혀 새로운 의미를 갖는 네이밍이 나온다.

단어를 조합해서 네이밍 해보기

품질보다는 의식이다

나는 마케팅 전문가는 아니지만, 30년 차 소비자인 동시에 이제 막 7년 차에 접어든 CEO다. 메이랩과 케이터링닷컴 모두 해마다 수익을 내고 있으며, 그동안 만든 브랜드 역시 실패 없이 자기 몫을 하고 있다. 즉, 전문가가 아니어도 누구나 브랜드를 만들 수 있다는 뜻이다. '4평 매장 사장되기' 수업의 수강생들이 어떻게 하면 그렇게 끊임없이 아이디어가 샘솟냐고 묻는다. 그럴 때마다 넷플릭스 드라마 〈GOOD GIRLS〉의 한 대사가 떠오른다.

드라마에서 여주인공 남편은 중고 자동차 대리점 사장이었다가 이런저런 이슈들로 온수 욕조 매장에 취직한다. 자칭, 타칭 판매왕이었기 때문에 이번에도 판매왕이 되고자 온수 욕조에 대해 열심히 연구한다. 그러고는 직접 온수 욕조에 앉아 야외에서 스파를 즐기는 일을 상상하며, 상사에게 이렇게 말한다.

'People don't care how things work for the most part. So, I just try to sell feelings.'
(사람들은 어떻게 작동하는지 관심 없어요. 그래서 난 기분을 팔려고 하죠.)

– 〈GOOD GIRLS〉 대사 중

인간은 합리적이지 않다. 이성을 가지려고 노력하지만 앞서 말했다시피 번번이 그렇게 사고하며 사는 것은 힘들다. 그래서 우리가 의식하지 못하는 무의식이 생각보다 많은 일을 한다. 안정감을 느끼고 싶어 하면서, 더 좋아지고 싶은 욕구가 있고, 외로워지고 싶지 않은 두려움과 모든 것에서 벗어나 탈출하고 싶을 때가 공존한다. 이렇게 나의 욕망과 욕구를 생각하면서 '나에게 무엇이 필요할까?'에 대해 상상해 보는 것이다.

메이랩은 CEO이기 전에 40대 주부이기도 하다. 대한민국에서 가장 많이 주도적으로 소비하는 사람은 누구일까? 맞다, 바로 나 같은 40대 주부다. 식구들을 먹이기 위해 마트에 가서 장을 보고, 사시사철 아이들과 남편 옷을 사기 위해 백화점에 간다. 자녀 교육을 위해 책을 사고, 학원을 보낸다. 집을 꾸미기 위해 인테리어를 하고, 알뜰살뜰 모은 종잣돈으로 예금을 하거나 재테크도 한다. 마침내 돈을 모으고 대출받아 아파트를 산다. 그야말로 대한민국 경제를 움직이는 핵심 세대가 바로 40대 주부다.

그래서일까, 내가 원하는 것이나 생각하는 수준이 대한민국 주 소비층인 40대, 혹은 여성들이 원하는 것에서 크게 벗어나지 않는다고 생각한다. 그래서 그동안 만들어왔던 브랜드도 성공할 수 있었다. 왜냐하면 지금껏 만든 브랜드가 나, 주부들 나아가 여성들이 원하는 거였으니까.

다시 수강생의 질문으로 돌아가 보자. 브랜드를 만드는 것이 어렵고, 아이디어가 떠오르지 않아 답답한 분들이 많을 것이다. 그리고 그런 분들이 이 책을 읽고 있다면, 당신이 필요로 하는 것, 혹은 무의식이 원하는 것을 상상하면 된다.

내가 원하는 것과 필요로 하는 것 써 보기

브랜드에 스토리를 입혀라

2017년에 메이랩을 오픈하고 샌드위치 자판기로 입소문이 나면서 매출이 상승했다. 하지만 샌드위치만으로는 한계가 있어서 세트 메뉴를 구성했고, 소풍이나 생일파티처럼 이벤트에 필요한 주문이 늘면서, 런치박스 개념으로 발전했다. 샌드위치 외에 메뉴를 추가하는 과정에서 케이터링catering을 알게 됐고, 케이터링의 대모라고 할 수 있는 마리아정의 수업을 듣게 된 것도 그 무렵이었다.

마리아정의 케이터링 수업을 듣고는 새로운 세상에 눈을 뜬 기분이었다. 그녀는 오랜 외국 생활로 파티 문화가 익숙한 분이었고, 대한민국에 케이터링 문화를 본격적으로 들여오는 역할을 했다. 물론 그전에도 뷔페나 출장 요리는 있었지만, 현장에서 요리하는 것이 쉽지 않은 데다가, 적어도 100명 이상의 손님이 오는 대규모 행사에 한정되어 있었다. 이러한 단점을 보완하고 모두가 행사를 즐길 수 있게 만든 것이 바로 케이터링이다.

처음 그분 강의를 들을 때만 해도 케이터링이라는 개념조차 몰랐다. 그저 생일파티나 여럿이서 맛있게 먹을 수 있는 도시락을 판매하고 싶다는 생각이었다. 메이랩에서 판매하는 메뉴 구성을 조금 더 다양하게 해보겠다는 차원이었다. 그런데 생각보다 많은 고객이 나처럼 케이터링을 몰라서 그렇지, 파티에 누구나 즐길 수 있는 음식이 필요하다는 것을 알게 됐다. 다만 금액이 문제였다.

기존 케이터링은 대기업이나 공공기관 위주여서 일반인이나 소규모 업체에서 활용하기에는 금액이 부담스러웠다. 그렇다고 개인별로 도시락을 포장해 오거나 배달해서 먹는 것은 소통할 기회가 적기 때문에 파티 취지가 희미해진다. 수업을 듣는 도중 이러한 단점을 보완해 틈새시장을 노리면 어떨까 싶었다. 아이디어가 떠오를 무렵 확신을 갖게 된 계기가 있었다.

"사장님, 이번에도 저희 샌드위치 도시락 20개 주문할게요. 하, 매달 이렇게 행사하는데 출장 뷔페를 부르기는 부담스럽고, 그렇다고 각자 도시락을 싸 오라고 하면 그저 자기 도시락 먹기에 바쁘고, 뒷정리해야 하는 직원들 반발도 심하고요. 그래서 말인데 샌드위치 말고 다른 메뉴들을 메뉴별로 포장해서 보내주시면 안 될까요?"

마치 단골손님이 내 머릿속을 훔쳐보기라도 한 듯했다. 곧바로 고객한테 알겠다고 한 뒤 도시락 상자보다 큰 음식 상자를 골라 다음 달에는 그 고객에게 샌드위치 외에 여러 음식으로 구성된 케이터링박스를 보내주었다.

"사장님, 이번 행사 음식 어디서 주문했냐고 다들 칭찬해주셨어요. 너무 감사해요. 덕분에 센스 있는 직원으로 한껏 칭찬받았어요."

그렇게 단골 고객의 반가운 전화와 함께 케이터링닷컴이 탄생했다. 예상은 적중했고, 케이터링을 한 이후 창업 시작 2년 반 만에 연매출 약 3억 3,000만 원에 이르게 되었다.

메이랩의 이런 스토리는 억지로 만든 것이 아니다. 사업을 확장하는 과정에서 내가 잘하는 동시에 소비자가 원하는 것을 찾다 보니 케이터링을 접하게 되었고, 진심과 정성을 담았더니 매출도 승승장구하게 됐다.

그 무렵 모 잡지와 인터뷰한 내용을 보고 채널A 〈서민갑부〉라는 프로그램에서 섭외 연락이 왔다. 처음에는 방송 출연을 한사코 거절했다. 갑부도 아닐뿐더러 방송에 내보낼 만한 드라마틱한 콘텐츠가 없다고 생각했다. 그런데 1년 뒤 〈서민갑부〉 제작진은 재차 섭외 연락을 주었고, 고민하던 중 수강생의 말 때문에 출연을 결심했다.

"선생님이 갑부는 아닐지 모르지만, 왠지 저처럼 평범한 사람도 성공할 수 있다는 희망을 주잖아요. 그러니 한번 출연해 보세요."

이 말에 용기를 얻어 두 번째 연락이 왔을 때 출연이 성사됐다. 사실 메이랩을 한 단계 더 성장시키는 데 도움이 될 거라는 판단도 있었다. '메이랩'이라는 브랜드 스토리는 잡지나 블로그에서 쉽게 찾아볼 수 있지만 텔레비전만큼 파급력 있는 매체도 없다.

《포지셔닝》의 잭 트라우트Jack Trout는 현대사회가 커뮤니케이션

과잉 사회라고 말한다. 산업화로 인해 상품이 폭발했고, 매체와 광고가 폭발하듯 소비자 마인드를 '공격'하고 있다고 한다. 상황이 이러한데도 역설적이지만 커뮤니케이션 즉, 소비자 마인드에 안착하는 것보다 중요한 것은 없다고 강조한다.

그렇다면 메이랩은 소비자에게 어떤 모습으로 비쳐야 할까. 방송 콘셉트를 의논하며 많이 고심했다. 분명 다른 '갑부' 출연자와 비교하면 다소 소박한(?) 매출이기 때문에 '나 얼마 벌었어요'라고 자랑하는 것은 의미가 없다고 생각했다. 그러다 보니 업계 최고, 업계 1인자라는 표현을 쓸 수도 없었다. 그렇다면 남은 방법은 메이랩의 진심을 담는 것뿐이었다.

오랜 시간 워킹맘으로 일하다 '처음' 시작한 사업을 대박 낸 메이랩! 맛있는 샌드위치, 음식보다 고객에게 즐거움과 행복한 시간을 선물하기 위해 200% 노력했다. 해외 사이트를 참고하거나 맛있을 것 같다고 생각하는 재료들을 더해 레시피화해서 만들어 보고 수정하고, 최적의 맛을 찾아내 개발한 메뉴만 해도 200여 가지에 달한다.

홈페이지나 블로그에 올릴 샌드위치와 케이터링박스를 잘 보이게 하려고 사진, 동영상 촬영 수업만 1년 넘게 들었으며 감성 케이터링을 위해 플로리스트 과정을 수료했다. 그리고 그간 사업을 꾸리며 했던 모든 노력을 촬영하는 2주 동안 다 담기 위해 노력했다.

평소처럼 최선을 다해 요리하는 모습을 촬영하고, 태어나 처음 방송 인터뷰도 했다. 그렇게 떨리는 촬영을 마치고, 방송을 보니 생각했던 것보다 괜찮게 나와서 마음이 놓였다.

프로그램 특성상 〈서민갑부〉라는 프로그램 톤이 메이랩과 100% 어울리는 것은 아니었지만, 직장 다니던 여성도 누구나 할 수 있다는 것을 보여주겠다는 내 의도와 다양한 업종을 보여주겠다는 제작진의 의도가 합치했다. 그리고 그 의도가 통했는지 시청자 평도 좋았고, 주변에서도 방송 잘 보았다는 칭찬과 응원이 이어졌다.

무엇보다 촬영 이후 방송이 나갈 무렵 코로나19 바이러스가 창궐하기 시작해 식당이 강제 휴업하고, 전례 없던 거리두기로 사람들이 거의 외식을 하지 않는 상태였다. 방송이 없었다면 메이랩도 매출이 전혀 발생하지 않았겠지만, 가게를 잠시 휴업하거나 쉬게 된 사장님들이 오히려 나의 강의를 등록해 매출을 발생시킬 수 있었다.

만약 프로그램에서 메이랩 스토리를 지나치게 과장해 부풀리거나 정신없이 편집했다면 브랜드 이미지에 악영향을 미쳤을 것이다. 하지만 평범했던 워킹맘도 사회에 나가 제 몫을 할 수 있고, 돈도 잘 벌 수 있다는 스토리가 시청자와 소비자에게 유효했다.

지금의 소비자는 '1위, 최고, 대기업'이라는 키워드에 거부감을 느낀다. 이는 소비자 중심이 아니라 기업 중심의 문구이기 때문이다. 1위나 최고 같은 수식어를 드러내지 않고도, 때로는 솔직함과 진정성이 소비자의 마음에 박힐 때가 있다.

━━━━━ 브랜드를 알릴 수 있는 작은 루트도 놓치지 말 것

대기업은 막강한 자금력과 촘촘한 네트워크로 브랜드를 조직적으로 홍보한다. 한 개인이 대기업의 브랜딩을 따라 하는 것은 거의 불가능하다. 하지만 이는 단점이 아니다. 오히려 고객 바운더리를 스스로 정할 수 있다.

동네 주민만을 상대로 하고 싶다면, 판촉물이나 지역 카페 홍보, 인스타그램에 지역명 해시태그를 걸어 지역 주민만 유입하게끔 하면 된다. 전국의 소비층을 유입하고 싶은 브랜드라면 블로그나 유튜브 등 다양한 매체를 활용한다.

메이랩 초창기부터 지금까지 샌드위치가 아닌 메이랩을 먼저 알리기 위해 메이랩 로고와 전화번호를 차에 래핑해서 다녔다. 메이랩이 적힌 볼펜을 만들어 만나는 사람마다 나누었고, 바닷가에 가면 모래사장에 꼭 해시태그 메이랩을 쓰고 와야 직성이 풀렸다.

어느 날 남편이 말했다. 어차피 동네에서 샌드위치를 파는 건데 뭐 그리 홍보에 열심히 공을 들이냐고 말이다. 내가 피곤할까 봐 걱정스러운 마음에 한 소리였겠지만, 1명이라도 더 메이랩을 알았으면 싶었다. 매출을 올리고 싶다는 기대는 두 번째였고, 내가 만든 첫 브랜드가 마치 열 달 공들이고 산통 겪어 낳은 진짜 자식처럼 느껴져서 자랑하고 싶었다.

물론 남편의 걱정 어린 조언에 이러한 홍보 방식이 메이랩과 결이 맞지 않는 걸까? 하고 잠시 의구심을 품기도 했다. 하지만 이런 의구심을 단번에 날리게 해준 일이 있었다. 메이랩을 오픈한 지 석 달쯤 되었을까? 젊고 예쁜 20대 중반 여자 손님이 찾아와 물었다.

"저, 혹시 남자친구와 나들이를 가기로 했는데, 이 도시락통에 샌드위치를 담아줄 수 있을까요?"

거절할 이유도 없고, 일회용품을 쓰지 않아도 되니 기꺼이 주문을 받았다. 샌드위치를 기다리는 손님과 이런저런 대화를 하다가, 문득 메이랩을 어떻게 알고 찾아왔냐고 물었다. 그랬더니 손님이 수줍게 털어놓았다.

직접 만든 것처럼 보일 만큼 정성스럽고 맛있는 샌드위치를 찾고 있었는데, 수제 샌드위치를 찾기 힘들어서 친구에게 고민을 털어놨단다. 그런데 마침 매장 근처에 사는 친구가 메이랩 광고문구를 적은 내 차를 보았고, 고민을 듣다 생각이 나서 검색한 뒤 매장위치를 알려준 것이다.

남자친구와 함께 나들이를 가서 예쁜 도시락을 선물할 고객의 마음도 예뻤고, 친구의 고민에 불현듯 메이랩을 떠올려준 그 친구에게도 고마웠다.

이렇듯 초창기에는 브랜드를 알리기 위해 사소할지라도 할 수 있는 모든 것을 해야 한다. 단, 조건이 있다. 절대 무리하지 말 것. 브랜드를 만들었다고, 혹은 가게를 열었다고 지인이나 친척을 초대해 거창하게 개업식을 한다든지, 대출받아 운영 중이거나 자본금이 부족한 데도 광고나 마케팅에 필요 이상의 돈을 쓰는 것, 홍보 업체에 맡겨 놓고 나 몰라라 하는 것은 반대한다.

다시 한번 말하지만, 브랜드를 만드는 것은 사장일지 몰라도 브랜딩이 되어 가는 것은 소비자의 영역이다. 아무리 돈을 쏟아붓고 휘황찬란하게 홍보한다 한들 소비자에게 각인 되는 것은 의외의 구석에서 나온다.

4장

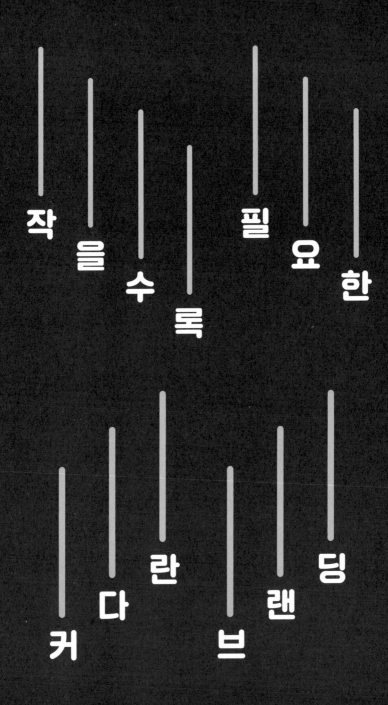

"Think Small." (작게 생각하라.)

광고를 공부하는 사람이라면, 누구나 한 번쯤 배우게 되는 카피로 폭스바겐 비틀의 카피 겸 캐치프레이즈다. 커다란 포스터에 왼쪽 귀퉁이에 그야말로 작은 딱정벌레처럼 위치한 폭스바겐 사진과 위의 문구가 전부인 포스터 1장으로 폭스바겐은 미국의 잠재 고객을 단숨에 사로잡았다.

이 문구가 출시된 것은 1959년으로 당시 미국은 제2차 세계대전을 거치고 초강대국이 되어 있던 상태였다. 베이비붐과 경제 성장으로 크고 좋은 차만 타려던 미국인에게 독일에서 만든 차를 파는 것은 쉽지 않아 보였다. 광고 디렉팅을 의뢰받은 헬무트 크로네Helmut Krone는 크고 좋은 것을 선호하는 미국인들 속에서 폭스바겐의 위치를 정확히 인지시켜야 할 필요가 있다고 판단했다. 큰 것을 좋아하는 사람이 많지만, 크다고 무조건 좋은 것은 아니기 때문이다.

작아도 충분히 제 역할을 하는 것들이 있고, 작아서 좋은 점도 분명히 있다. 크로네는 '작은 차' 폭스바겐의 입장을 분명히 밝히는 카피와 포스터의 디자인을 동시에 생각해냈다.

그리고 그의 예상은 적중했다. 폭스바겐은 단 1장의 포스터 이미지로 미국 시장에 안착했던 것이다.

또한, 스위스에 '프라이탁'이라는 가방 브랜드가 있다. 디자이너였던 프라이탁 형제가 만든 기업으로 버려진 천막이나 자동차 방수포를 재가공해 가방을 만드는 기업이다. 업사이클링 제품을 파는 회사 가운데 단연 독보적이다. 업사이클링 제품치고는 가격이 꽤 나가는데 원단 무늬, 디자인이 모두 다르므로 당연히 가방 역시 세상에 똑같은 제품이 단 1개도 없다. 게다가 모두 수작업이니 명품이나 다름없다. 버려지는 방수포로 가방을 만드는데 명품 취급을 받는 건 프라이탁이 유일무이하다.

프라이탁이 유명해진 것은 예쁘면서 개성 있는 디자인 덕이기도 하지만, 프라이탁 제품을 사용하면 사용할수록 지구를 지키는 데 일조한다는 '자긍심'을 심어주기 때문이다. 프라이탁은 버려진 자원을 쓰레기로 만드는 대신 재활용해 순환시킨다. 그러니 고객은 프라이탁 제품을 구매할수록 자신이 지구에 도움이 되었다는 '느낌'을 받게 된다. 실제로도 그렇다. 제품만 사는 것이 아니라 '가치'도 사는 것이다.

프라이탁이 딱히 우리나라에서 홍보한 것도 아닌데, 버려진 천으로 만들었는데도 불구하고 무려 30~40만 원이나 하는 가방이 왜 그렇게 잘 팔릴까? 그 이유는 바로 프라이탁이 가방만 판 것이 아니라, 소비자가 기꺼이 돈을 주고라도 살 수 있는 '가치'를 가방에 담았기 때문이다.

이처럼 시작이 작았다고 해서 커다란 브랜드가 되지 말라는 법은 없다. 중요한 것은 자기가 만든 브랜드의 가치와 위치를 정확히 아는 것이다.

브랜드, 작은 불편함을 해결하라-프렌치도그

샌드위치 만들기 수업을 할 때 수강생들은 재료를 준비하는 것부터 만드는 것까지 모두 즐거워했다. 온라인 수강생들은 내 영상을 보고 따라 하며 스스로 재료를 골라 만드는 것에 흥미를 느꼈다. 창업을 결심하고 찾아온 수강생들 역시 샌드위치를 만드는 것이 생각보다 어렵지 않다며, 건강하고 맛있어 보이는 샌드위치를 만들고 시식할 때 무척 행복해 보였다.

그런데 온라인은 물론 오프라인 수강생들 가운데 몇몇은 의외의 과정에서 어려움을 느꼈다. 바로 샌드위치를 포장하는 일이었다. 메이랩 샌드위치는 다른 샌드위치보다 속 재료가 많이 들어가 풍성하다. 그런데 초보자인 수강생들은 속 재료가 흩어지지 않도록 단단하고 밀도 있게 샌드위치를 감싸는 것을 힘겨워했다. 나 역시 처음에는 샌드위치 포장하는 법, 반으로 잘랐을 때 단면이 흐트러지지 않고 예쁘게 보이는 법을 많이 연구하고 시행착오도 겪었기에 그 마음을 충분히 이해할 수 있었다.

그렇지 않아도 샌드위치는 하루가 지나면 빵이 마르고 채소도 숨이 금세 죽는다는 단점이 있어서 어떻게 하면 처음 맛을 그대로 유지할 수 있을까 고민하고 있었는데, 포장까지 수월한 샌드위치를 만들려면 어떻게 해야 할까 깊은 고민에 빠졌다.

그러던 어느 날 영화관에서 팝콘을 사서 영화가 시작되기를 기다리는데 한 관객이 핫도그를 먹는 것을 보고 아이디어가 떠올랐다. 영화관에서 파는 핫도그는 관객에게 빠르게 제공될 수 있도록 종이 상자에 포장되어 나온다. 고객으로서도 핫도그를 먹다가 남은 건 다시 상자에 두기도 편하고, 바스락거리는 소리도 나지 않아 남에게 피해를 주지 않는다.

집에 돌아오자마자 핫도그처럼 생긴 샌드위치를 만들어 상자에

담으면 좋겠다고 생각했고, 구체적인 레시피도 작성했다. 다음날 은 시중에 파는 빵 가운데 샌드위치 겉이 될만한 빵 수십 개를 사 서 먹어 보고 테스트했다. 금세 마르지 않되 수분을 너무 흡수하지 도 않고, 단맛이 강해 내용물과 어울리지 않는 것은 모두 배제했다.

그렇게 샌드위치에 적합한 빵 몇 가지를 선정했고, 프렌치토스 트처럼 달걀물을 입혀 촉촉하게 만들었다. 그 안에 신선한 재료를 넣어 핫도그처럼 생긴 샌드위치를 만들었다. 알찬 재료와 그에 어 울리는 소스, 촉촉한 빵이 어우러진 샌드위치! 게다가 핫도그처럼 간편하게 포장된 종이 상자 덕에 판매하는 사람도 편하고, 먹는 사 람 입장에서도 속 재료가 빠져 난감할 일이 없는 샌드위치가 완성 됐다.

브랜드 네이밍을 고민하다가 프렌치토스트와 핫도그의 장점을 결합한 샌드위치라 '프렌치도그'라고 이름지었다. 혹자는 메이랩 샌드위치 안에 다른 메뉴로 넣지 않고, 왜 군이 또 다른 브랜드로 만들었냐고 물을지도 모른다.

프렌치도그는 기존 샌드위치의 단점을 보완한 데서 시작된 제 품이다. 같은 브랜드 안에 있으면 기존의 메뉴를 부정하는 꼴이 되 어 버린다. 정통 샌드위치의 문제와 한계를 보완해서 만든 메뉴이 므로 태생부터 다르다. 그러니 마땅히 그에 걸맞은 새 브랜드로 만 들어야 했다.

여러 기업에서 매출을 늘리기 위해 사업을 다각화한다. 신제품을 추가하는 형식으로 사업을 다각화하면 당장 매출을 늘릴 수는 있겠지만, 자칫 브랜드 정체성에 혼란을 줄 수 있으므로 신중히 생각해야 한다.

이렇게 2021년 9월, 메이랩이 만든 두 번째 샌드위치 브랜드인 '프렌치도그'가 탄생했다. 프렌치도그는 구상 단계부터 제대로 된 프랜차이즈로 키워나갈 생각이었다. 그래서 시그니처 메뉴인 스모크에그프렌치도그를 필두로 오리지널 프렌치, 불고기후무스, 에그스크램블, 맥앤치즈, 더 반미, 칠리새우 등의 메뉴를 레시피화했다.

'세상의 모든 요리를 샌드위치로!'라는 슬로건답게 달걀물을 입힌 빵에 잘 어울리는 재료들을 메뉴로 만들었고, 속 재료만 미리 준비한다면 만드는 것도, 포장하는 것도 손쉬워서 요린이도 혼자서 창업할 수 있게끔 구성했다.

내가 만드는 브랜드는 혼자서 충분히 창업할 수 있는 레시피 위주다. 앞으로는 1인의 시대다. 가족도 핵가족을 넘어 1인 가구 시대가 도래했다. 덩치 큰 대기업도 사업 분야마다 1인 가구에 맞는 브랜드를 만들어 독자적으로 운영한다.

각자도생해야 살아남을 수 있는 시대다. 인건비, 재료비 상승 등의 문제도 있지만 처음 사업을 운영하는 사람한테는 직원을 운용하는 것 자체가 커다란 모험이자 스트레스다. 때문에 혼자 사업을 운영하다가, 업무 분담이 필요할 때는 프리랜서나 다른 1인 사업자와 협력을 도모하는 것이 롱런할 수 있는 방법이다.

사업은 물론 요리에 무지했던 내가 10개가 넘는 브랜드를 만들고, 브랜드를 모두 사업화할 수 있었던 데는 적재적소에 필요한 전문가나 수강생의 도움을 얻었기 때문이다. 혼자 꾸려 나가면서 인건비를 절감했고, 함께하면서 도움을 얻었다.

프렌치도그는 샌드위치가 가진 불편함을 해소하기 위해 만든 브랜드다. 브랜드를 만드는 것도, 사업을 운영하는 것도 마찬가지다. 기본적으로 브랜드를 알리는 가장 합리적인 방법은 장점을 극대화해 강점으로 만드는 것이다. 그런데 그 강점을 어디서 찾아야 할까. 남들과는 '다르다'는 차별성에서 시작해야 한다.

'볼보' 하면 안전이 떠오르는 것도 볼보의 디자인은 안전에서 출발하기 때문이다. 볼보가 개발한 3점식 시트 벨트도 기존의 2점식 시트 벨트가 허리만을 지지하기 때문에 사고가 나면 크게 다치는 위험을 해소하기 위해 만들었다.

무엇보다 안전에 진심이었던 볼보는 3점식 시트 벨트의 제조 기술을 다른 자동차 회사도 무료로 사용할 수 있게끔 했다. 덕분에 볼보는 막대한 수익보다 다른 이들의 안전을 생각하는 회사로 각

마음을 움직이는 브랜딩

인되어 안전을 생각하는 명품 자동차로 브랜딩되었다. '위험'이라는 단점을 해소해 '안전'이라는 강점을 얻은 것이다.

이렇듯 브랜드를 만드는 것도 결국 남들이 불편해하는 것, 아쉬워하는 것을 해결해 고유 영역을 확보하면 쉽게 흔들리거나 빼앗기지 않는 위치를 선점할 수 있다.

▬▬▬ 잘할 수 있는 것에 집중해서 단순해지기- 백줄김밥

만약 이미 만든 브랜드를 가지고 특별히 강점이나 다른 브랜드와의 차별성을 찾지 못하겠다면, 가장 자신 있는 하나를 꼽아 한곳에 몰두해야 한다. 그리고 칼을 가는 마음으로 그것을 가장 큰 장점으로 내세워야 한다.

대한민국을 대표하는 포털 사이트인 네이버도 인터넷이 보급된 초창기에는 야후나 라이코스코리아를 뒤따르는 후발 주자였다. 토종 포털 사이트라는 타이틀과 10~15메가의 넉넉한 용량을 제공하고도 인지도는 다른 경쟁 포털에 밀리고 있었다. 그러다 네이버가 국내 포털 사이트를 장악하기 시작한 것은 바로 2002년 지식

in 서비스를 시작하면서부터다.

그동안 다른 인터넷 검색 사이트는 한국어를 기반으로 하지 않았기 때문에 콘텐츠가 빈약했다. 그런데 네이버는 한국인의 집단지성을 이용해서 누군가 질문을 하면, 그걸 잘 아는 이가 대답을 할 수 있도록 네티즌이 직접 콘텐츠 질과 양을 확보하게끔 했다.

외국에서 들어온 포털 사이트가 가진 단점을 캐치한 뒤 그것을 보완하고, 지식 검색 서비스가 마땅히 해야 할 것에 집중해 대한민국 대표 포털 사이트로 자리를 잡았다.

2020년에 상표등록을 했던 '백줄김밥' 역시 아이디어만 생각한 뒤 상표등록을 해 놓고 손 놓고 있다가 최근에 레시피를 확정하고, 사업화를 추진하기 시작했다. 백줄김밥의 시작은 이랬다.

메이랩을 창업하고 나서는 거의 시간이 나지 않아 쉴 수가 없었는데, 머릿속이 복잡하고 가슴이 답답해지려 할 때마다 기차역에 가곤 했다. 백줄김밥 아이디어가 떠오른 날도 그랬다. 번아웃이 오기 직전이라 여행이 가고 싶었지만, 시간이 없었고 그렇다고 누워만 있자니 하염없이 땅으로 꺼질 것만 같았다. 귀찮았지만 몸을 일으켜 채비하고 서울역으로 가는 전철을 탔다.

기차역 전광판에는 부산행, 광주행을 가리키는 열차 번호가 쉼 없이 깜빡였고, 사람들은 어디론가 바쁘게 움직였다. 그러고는 그

마음을 움직이는 브랜딩

사람들을 실어 나르는 기차가 들어왔다가 나가곤 했다. 그런 풍경을 보고 있노라면 다들 무엇을 위해 저리 바쁘게 살아가는 걸까 잠시 생각해 보기도 했다. 그러나 답을 내리지 못한 채 밖으로 나와 높은 건물들 사이로 보랏빛으로 물든 하늘을 바라보았다.

요즘 사람들은 너무 많은 일들을 한다. 그리고 많은 문제를 끌어안고 있다. 나라고 예외일 수 없다. 지금까지 잘되고 있고, 잘하고 있는데도 가끔 불안해지거나 혹은 다 놓고 싶을 때가 있다. 그럴 때는 각자의 방식으로 휴식이 필요한데, 보통 때면 더 바쁘게 일하고 더 많은 사람을 만났겠지만, 가끔은 이런 방법으로 휴식을 취하기도 한다.

그렇게 이런저런 생각을 하다 허기가 져서 24시간 김밥집에 찾아갔다. 24시간 운영해서 그런 걸까? 가게 주인 얼굴에 패인 주름마다 피곤함과 고단함이 묻어났다. 약간의 매출이라도 올려드릴 심산으로 다 먹지도 못할 김밥과 라면을 시켰다. 먹기 전에 직업정신을 발휘해 속 재료부터 살폈다. 달걀, 우엉, 시금치, 당근, 단무지, 햄. 별다를 게 없는 평범한 김밥이었다. 라면은 시간이 지날수록 적당히 익게끔 꼬들꼬들한 상태로 나왔다.

정말 특별한 비법 같은 거라곤 없을 것 같은 평범한 김밥과 라면이었는데, 그날따라 입맛에 꼭 맞게 느껴졌다. 김밥을 먹으면서 문득 그런 생각이 들었다.

'단순해지고 싶다. 그리고 저 주인장의 깊이 팬 주름마다 묻어 있는 고단함을 덜어주고 싶다.'

사업을 시작할 때부터 '부자, 갑부'가 되겠다는 목표가 아니라 '모두가 잘사는 기업을 만들고 싶다'는 게 목표였다. 나 역시 사업이 커 갈수록 재미는 있었지만, 시간이 부족했다. 그래서 최대한 도움을 받을 수 있는 일은 도움을 받고, 내가 일하지 않아도 돈을 벌 수 있도록 시스템을 만들었다.

케이터링 주문이 들어올 때는 수강생을 섭외해 실전훈련 겸 능력을 발휘할 수 있도록 하고 있으며(당연히 그에 맞는 보수를 드린다), 책과 온라인 강좌로 부가 수입도 다달이 들어오고 있다. 내가 만들어둔 브랜드를 원하는 사람들에게 브랜드 사용 권한과 레시피, 재료 수급처 등을 알려줌으로써 소정의 로열티를 받는다.

이렇게 혼자 일하지만, 시스템의 도움을 받음으로써 매출 대비 워라벨을 유지할 수 있게 됐다. 그런데 다른 자영업자들은 장사하는 시간에 올인해 매출을 발생시킨다. 일하는 만큼 번다면 그나마 다행이지만, 하루 12시간 넘게 일해도 인건비며, 관리비, 월세 등을 제하면 사장이 가져가는 돈은 그리 크지 않다.

이렇게 혼자서 오래 일하며 사업장을 운영하는 것은 바람직하지 않다. 단기적으로 매출이 높다고 해도 금세 지치기 마련이며, 체력은 금방 바닥난다. 피로감과 그로 인한 불규칙한 운영 시간은 고객에게도 신뢰를 잃게 만든다.

자영업자도 직장인처럼 일하는 시간이 정해져 있다면, 판매량을 통제할 수 있다면 좋겠다는 생각이 들었다.

'아니, 많이 팔면 좋은 거지 판매량을 왜 통제해?'

이렇게 생각할 수도 있겠다. 하지만 판매량을 통제하면 일하는 시간을 통제할 수 있고, 규칙적인 생활을 할 수 있다. 잠도 잘 자고 가족과 함께할 수 있는 시간도 생긴다. 삶의 질이 올라가면 사업은 더 잘될 수밖에 없다.

그렇게 판매량을 통제할 수 있는 음식 가운데 가장 적합한 김밥을 생각해냈다. 하루에 '백 줄'만 판다면, 음식에 들어가는 재고도 예측해 로스를 방지할 수 있고, '백 줄'을 팔아야 한다는 뚜렷한 목표가 있으므로 일하는 데도 덜 피로하다. 무엇보다 희소성이 있으므로 소비자에게도 '백줄김밥 집 김밥은 하루에 백 줄만 파니, 빨리 가서 사 먹어야겠다'라는 생각을 심어준다. 만드는 사람은 김밥에 집중할 수 있으니 매출에 큰 욕심을 부리지 않는다면, 맛과 매출을 일정하게 유지할 수 있다.

그래서 백줄김밥은 재료도 단순하고, 김밥 본연의 맛을 충분히 즐길 수 있도록 기본 재료만 사용할 수 있도록 레시피를 만들었다. 금방 시드는 시금치나 호불호가 강한 오이 대신 우엉을 넣어 아삭한 식감과 밥과 우엉의 간이 조화롭게 스며드는 김밥을 선사할 예정이다.

사람들은 성공에 목말라 있다. 가능한 한 빨리 부를 누려 일찍 은퇴하는 것이 목표다. 사람마다 생각하는 성공 기준이 다르겠지만, 부자가 되는 것이 성공이라면 방법은 2가지다. 투자를 잘하거나 사업을 해서 대박이 나거나.

하지만 내가 생각하는 성공은 삶과 일의 균형을 적절히 유지하며 행복하게 사는 것이다. 이때 자신이 좋아하는 일을 해야 일이 삶에 부정적인 영향을 주지 않는다. 자신이 좋아하는 일, 잘하는 것을 해야 차근차근 성장할 수 있고, 잘하는 것 하나에 집중하다 보면 성공은 자연스럽게 따라온다. 다만 많은 이들이 그 시간을 견디지 못하거나 원하지 않은 일에 집중해, 결국 중도 하차할 뿐이다.

작은 브랜드가 성공하려면 브랜드를 만든 이가 그 브랜드를 오래도록 사랑하고 아낄 수 있도록 지치지 않는 방법을 찾아야 한다.

나다운 브랜드와 고객이 원하는 브랜드 사이

자신이 원하는 것, 잘하는 것을 해야 한다는 건 누구나 알고 있다. 그런데 의외로 많은 이들이 자신이 무엇을 원하는지 잘 알지 못한다.

'왜 이렇게 행복하지 않을까?'
'내가 원하는 것은 무엇일까?'
'아무것도 하고 싶지 않은 나, 이대로 괜찮을까?'

위와 같은 상념이 머릿속에 가득 차 있다. 살아가는 것 자체가 참 힘든 일이다. 자신에 대해 진지하게 고민할 여유도 없이, 다달이 나가는 공과금, 교육비, 생활비, 대출이자와 원금을 갚기 위해 돈을 벌어야만 한다. 밥벌이를 그만뒀다가는 생계에 영향을 미치기 때문에 하고 싶지 않은 일을 해야 하고, 영혼은 점차 메말라 간다.

이런 상황에서 '하고 싶은 것을 해라, 잘하는 것을 해라'라고 말한들 귀에 들어올까? 그러니 '잘하는 것이 없어요', '하고 싶은 것을 했다가 망하면 어떡해요?' 같은 질문이 되돌아오는 것이다.

세상 모두가 김연아나 손흥민 같은 재능을 가지고 있으며, 이를 전폭적으로 지원해주는 부모가 있다면 얼마나 좋을까. 재벌가에서 태어났다면, 금수저라면 어땠을까. 하지만 이런 공상은 우리에게 아무런 도움이 되지 않는다.

세상에 태어난 것은 우리가 원해서가 아니다. 태어난 나라, 부모,

재능, DNA 그 무엇하나 스스로 원했거나 선택한 것이 없다. 그러나 다행인 것은 현재와 미래는 내가 선택할 수 있다는 점이다.

그럼, 여기서 고민이 생긴다. 내가 좋아하는 것과 다수가 좋아하는 것 가운데 무엇을 해야 더 빨리 성공할 수 있을까. 좋아하는 문과를 선택해야 할까, 적성에 맞지 않지만 모두가 취업이 잘된다는 이과를 가야 할까. 내가 좋아하는 분야의 브랜드를 만들어야 할까, 다수가 원하는 브랜드를 만들어야 할까.

물론 내가 좋아하는 것과 다수가 좋아하는 것이 같다면 깊이 고민할 필요가 없다. 하지만 다수가 좋아한다는 것은 그만큼 경쟁이 치열하다는 뜻이다. 또한 내가 좋아하지 않지만 많은 사람이 좋아하는 것을 위해 억지로 그 일을 해야 한다면 잘하지도 못할뿐더러 지속할 수도 없다. 그래서 성공한 많은 이들이 자신이 좋아하는 일을 '잘하라'라고 말하는 것이다.

내 생각도 마찬가지다. 어떤 일을 지속하고 싶다면, 브랜드를 오래 유지하고 싶다면, 자신이 좋아하는 분야를 선택해야 한다. 그 분야가 다수가 선택하지 않은 길이라고 해도, 누군가는 꼭 필요하게 되어 있다. 그 분야에 특화된 브랜드를 만든다면 오히려 희소가치가 올라간다.

영화 〈영웅〉 주연을 맡게 된 정성화 배우 역시 처음에는 코미디언이었다. 다양한 성대모사로 1994년 SBS 3기 공채 개그맨으로 데

뷔했지만, '웃기지 않는다'고 혹평을 받았단다. 잠시 가수 틴틴파
이브로 활동하기도 했지만, 홍록기 자리를 대체하지 못한다는 비
난을 받으며 나왔고, 단역을 전전하다가 군대를 다녀왔다.

이후 그는 뮤지컬에 도전한다. 사실 그가 뮤지컬을 한다는 것도
〈영웅〉을 통해서 알게 됐다.

'이 사람 개그맨이지 않았나?'

의아해하며 우연히 그가 안중근 역을 맡은 뮤지컬 〈영웅〉을 보
게 됐는데, 커다란 공연장을 압도하는 발성과 눈빛에 압도되고 말
았다. 더욱이 음악을 전공하지 않은 그가 뽐내는 바리톤 음색은 진
정성이 느껴졌다. 마치 안중근 의사가 살아 돌아오기라도 한 것처
럼 동화되어 있었다. 그가 지금 이 자리까지 오기 위해 얼마나 많
은 노력을 했을까, 하는 생각이 절로 들었다.

이후 연극 〈거미여인의 키스〉도 보게 되었는데, 1인극인데도 불
구하고 실수도 없고, 호흡이 끊기지 않아 흥미진진하게 보면서 '이
사람 연기에 진심이구나' 하고 생각했다. 정성화는 몰라도 그 자체
였다. 2004년 뮤지컬에 발을 들인 이후 〈맨 오브 라만차〉, 〈라디오
스타〉 등 주연을 꿰차며 뮤지컬 업계에서 티켓파워 1위에 빛나는
배우가 되었다. 게다가 뮤지컬 〈영웅〉은 초연부터 지금까지 10년
넘게 안중근 역할을 맡아 대체 불가한 위치에 있다. '정성화' 이름
석 자가 뮤지컬 업계에서 브랜드가 된 것이다.

나는 그렇게 정성화 씨를 개그맨이 아닌 '배우'로 인식하고 있었는데 얼마 전 뮤지컬 〈영웅〉을 영화화한 작품에 주연으로 캐스팅되었다는 기사를 접하고는 정말 포기하지 않고 자신이 좋아하는 길을 가다 보면 이렇게 성공할 수 있구나를 다시 한 번 느꼈다.

다수가 좋아한다고 해서 반드시 그 길이 성공을 보장하라는 법은 없다. 오히려 경쟁할 파이만 클 뿐이다. 그러니 나다운 것, 스스로 잘하는 것을 하는 것이 첫 번째, 그것을 고객이 원하고 갖고 싶은 브랜드로 만드는 것이 두 번째다. 그래야 행복하게 성공할 수 있다.

《이어령의 마지막 수업》 중, 이어령 선생님은 김지수 기자와의 대화에서 "살아 있는 것은 물결을 거슬러 올라가는 것과 같다"고 했다. 죽음으로 휩쓸려 가는 것이 아니라 자의식을 갖고 목표를 갖고 행동해야 한다. 브랜드도 마찬가지다. 살아 있는 브랜드를 만들기 위해서는 자신이 좋아하는 것, 잘하는 것을 가지고 시작한 다음 목표를 가지고 실행해 나가야 한다.

물론 어떤 도전을 하는 데 이런저런 두려움과 의심이 들 수 있다. 반대로 힘들게 노력하지 않고 현실에 안주하며 살 수도 있다. 익숙한 것을 버리고 변화하기 위해 움직이는 것은 어려운 일이다. 하지만 성공하고 싶다면 그 두려움을 깨고 변화해야 한다. 그것을 깨기만 해도 당신은 성공에 발을 들여놓게 된다. 두려움은 과거의 실패가 또 반복될까 봐 생기는 방어 기제다. 그 두려움에 지지 말고, 처음 하는 일이라고 생각해야, 그리고 반드시 성공할 수 있다고 믿어야 같은 실패를 겪지 않는다.

━━━━━ 브랜드는 마을과 어울리는 집을 만드는 일이다

이 책을 집필하면서 나처럼 자판기로 성공한 브랜드가 있다는 사실을 알게 됐다. 양말 브랜드인 '아이헤이트먼데이'다. 아이헤이트먼데이를 만든 홍정미 대표는 패션 회사에 다니던 회사원 시절, 누구나 그렇듯 월요일이 싫었다고 한다. 월요일 아침을 좋아하는 직장인이 대한민국에 몇이나 될까. 나 역시 직장 다니던 시절 '아, 회사 가기 싫다', '오늘은 그냥 쉬고 싶다' 등의 생각을 종종 하곤 했다. 그런데 홍 대표는 누구나 그렇게 싫어하는 월요일의 유일한 위안이 예쁜 양말을 신는 것이었다.

얼마나 귀여운가! 평소에도 예쁜 양말을 좋아했던 그는 해외 출장을 갈 때면 독특하고 예쁜 양말을 무조건 사 왔다. 주변에서 양말수집가라고 불릴 정도로 양말을 좋아했던 그였지만 국내 양말 디자인이나 소재는 성에 차지 않았다.

결국 그는 '스토리가 있는' 자신만의 양말을 만들기로 결심했다.

줄무늬 양말, 초콜릿 과자 모양 양말 등등. 독특한 것은 양말 양쪽 디자인이 조금씩 다르다. 줄무늬 양말도 양쪽 굵기가 조금씩 다르거나 색깔이 다르다. 부모와 아이가 함께 신을 수 있는 양말, 구두에 잘 어울리는 양말 등 기능도 디자인도 가지각색이다. 이렇게 재밌는 발상과 예쁜 디자인을 가진 브랜드를 만들었지만, 창업 비용이 충분하지 않았던 탓에 광고를 마음껏 할 수 없었고, 고민 끝에 생각해낸 묘안이 바로 양말 자판기였다(재밌는 자판기는 웬만한 홍보 수단 저리 가라인가 보다!).

아이헤이트먼데이의 양말은 국내에서는 블루오션이나 다름없는 양말 패션계의 힙한 라이징 브랜드가 되었고, 무신사, 29CM 등 국내 유명 패션 유통 채널은 물론 미국이나 유럽에 수출까지 하고 있다.

어떤 마을이 하나 있다고 하자. 마을마다 분위기가 있을 것이다. 주요 구성원도 다르고, 주민들 성격도 제각각일 것이다. 집 모양이나 인프라도 마을마다 다르다. 초등학교나 유치원이 있는 동네는 아이가 있는 젊은 부부가 살고, 대학가 주변에는 청년층이 많이 산다. 바닷가 마을에는 높지 않은 단층 건물이, 넓은 들판에는 넓은 평형의 단독주택들이 많다.

만약 내가 패션이라는 집을 짓겠다고 마음먹었다면, 어떤 마을로 가야 할까? 그리고 그곳에 어떤 건물을 지어야 할까? 당연히 대학가 주변이나 젊은 층이 많이 사는 마을이 좋을 것이다. 그리고 그 마을에 잘 어울릴 만한 자재와 디자인으로 집을 지어야 한다.

요식업이든 의류든 교육이든 모바일로만 사업을 하는 브랜드가 아니라면, 시작하는 곳의 위치가 매우 중요하다. 전문가의 도움을 받아 상권분석을 할 수도 있지만, 본인이 내려는 브랜드의 주요 타깃이 밀집해 있는지가 중요하다. 또한 근처에 형성돼 있는 점포를 살펴서, 상호 보완할 수 있는지 아니면 경쟁 매장은 얼마나 있는지도 확인해야 한다.

만약 입지 조건이 맞는 곳에 들어갈 만한 경제적인 여유가 없다면, 아이헤이트먼데이처럼 기발한 방법으로 브랜드를 알릴 수도 있다.

이렇듯 큰 집을 짓든 작은 집을 짓든 내가 살 곳과 어울리는 집을 짓는 게 중요하다. 다만 작은 집이더라도 마을에서 유일하며, 눈길을 끌만큼 예쁜 디자인 혹은 재밌는 발상으로 디자인해 짓는다면 마을에 없어서는 안 될 집이 된다. 브랜드도 마찬가지다.

이미 가지고 있는 것을 가치 있게 만드는 법

마을에 유일한 집을 짓는 것은 그 집의 고유한 가치를 두란 뜻이다. 즉 세상에 흔한 소스를 내놓더라도 어떤 가치를 두느냐에 따라 브랜드가 성공할 수도, 사장될 수도 있다.

그렇다면 도대체 그 '남다른 가치'를 어디서 가져와야 할까?

부동산에서 가장 중요한 가치는 물건의 위치다. 어느 도시에 있는지, 어느 학군에 있는지 간에 주변에 인구수, 인구의 소득 수준, 학군, 상권 등에 따라 부동산의 가치가 달라진다.

그렇다면 대도시가 아닌 부동산은 다 기회가 없는 것일까? 부동산의 가치가 달라지는 경우도 당연히 있다. 주변에 아무것도 없는 허허벌판이라도, 아주 오래된 구도심이라도 가치가 올라가 가격이 상승하는 경우는 바로 '개발 예정!'인 곳이다. 마법 같은 이 한마디에 땅값이, 건물값이 올라간다. 갑자기 웬 부동산 이야기냐고? 브랜드도 이와 마찬가지기 때문이다. 남다른 가치를 주고 싶다면 이미 가지고 있는 것을 개발하면 된다!

벨기에는 유럽에 있는 아름다운 나라로 지금은 많은 사람이 유럽 여행할 때 한 번쯤 들르는 곳이다. 하지만 예전에는 자국민 스스로 여행지로 큰 메리트가 없다고 생각했단다. 빅토르 위고가 세계에서 가장 아름다운 광장이라며 극찬한 그랑플라스, 오줌싸개

소년 동상, 브뤼셀 왕궁과 운하 등 아름다운 유산이 많은데도 불구하고 말이다. 벨기에는 이 아름다움을 적극적으로 알리지 않은 탓(?)에 다른 유럽 나라에 비해 관광객 유치가 적은 나라였다. 여기에는 나라 규모가 작은 것도 한몫했다. 그런데 이후 벨기에가 유럽에서 보석 같은 관광지로 떠오를 수 있었던 비결은 겨우 광고 카피 1줄이었다.

평소 미슐랭 가이드에서는 레스토랑뿐만 아니라 각 나라 도시에도 등급을 매겼는데, 벨기에는 별 3개 도시가 5곳이었지만, 크기가 비슷한 옆 나라 네덜란드의 경우, 암스테르담 단 1곳뿐이었다. 광고기획자는 이것에 착안에 벨기에 광고 헤드라인을 이렇게 적었다.

"아름다운 벨기에에는 5개의 암스테르담이 있습니다."[7]

각 도시의 아름다운 풍경과 함께 쓰인 단 1줄의 카피는 자국민은 물론 벨기에를 지나치던 유럽 관광객들의 호기심을 사기에 충분했다.

---

7) 잭 트라우트·알리스 저, 《포지셔닝》, 을유문화사, 2021

몇 해 전, 세계 최대 인터넷 쇼핑몰인 아마존에서 한국 농기구 하나가 엄청나게 팔리고 있다는 소식이 전해졌다. 낫도 삽도 아닌 호미였다. 호미는 대량 재배에 최적화된, 미국에는 없는 작은 농기구다. 우리나라에서는 고대부터 사용해 왔으며, 현재까지도 작은 밭이나 정원을 가꿀 때 사용한다. 그런 호미에 미국 사람들이 열광한다니 어쩐지 뿌듯했다.

이처럼 내가 가진 것, 내 브랜드 안에는 어쩌면 나조차 발견하지 못했던 '가치'가 들어 있다. 그런데 그 가치를 발견하지 못한 것인데, '돈이 부족해서 사업 확장이 어렵다', '마케팅 비용이 부족해서 사람들이 내 브랜드를 알지 못한다', '나는 열심히 하는데 왜 이렇게 잘 안 풀릴까?' 등등의 불평과 억울함을 쏟아낸다.

가지고 있는 콘텐츠도 활용하지 못하는 상황에서 돈을 투자한들 브랜드가 성공할 수 있을까? 절대 아니다. 인도의 요가 수행자이자, 철학자인 사드구루는 대담 형식의 강연회에서 이런 말을 했다.

"나 자신을 컨트롤하고 책임진다면 행복을 쫓아다니지 않고, 어떤 것에 목마르지 않고, 머리 위에 칼이 있는 사람처럼 살지 않아도 되며, 어떤 일이든 최고 수준까지 도달하게 될 것이다."

내가 요식업으로 사업하겠다고 했을 때도 마찬가지였다. 워킹맘이었던 탓에 일반 주부보다 요리 경험이 적었을 텐데, 뜬금없이 음식 장사를 하느냐는 걱정(을 가장한 자존감 깎아내리기)과 그 정도 요리는 누구나 다 한다는 핀잔을 이따금 들었다.

틀린 말은 아니다. 주변에 나보다 음식 잘하고, 센스 있게 플레이팅하는 사람은 널렸다. 아무리 샌드위치를 좋아하고, 평소 직접 만들어 먹는 것을 좋아한다고 해도 요식업은 함부로 덤비기에 결코 만만한 분야가 아니다. 경쟁이 치열한 데다, 맛은 조리하는 사람에 따라 다르고, 먹는 사람에 따라 또 다른 주관적인 분야다. 노동 강도도 높고 업종에 따라서는 수준 높은 기술과 지식이 있어야 한다. 그러니 '회사 때려치우고 치킨집이나 해볼까?' 하는 생각으로 쉽게 볼 만한 업종이 아니다.

그렇다고 지레 겁먹고 아무것도 하지 못한 채 손 놓아야 할까? 자신이 부족하다는 것을 쿨하게 인정하고, 개선해 나가면 된다. '지금 가진 실력이 10밖에 안 되지만, 다음 달에는 80, 오픈 전까지 100으로 만들어야겠다'라는 마음가짐으로 개발해야 한다.

이런 핑계, 저런 핑계 혹은 남들의 부정적인 시선과 조언에 몰살되지 말고 자신이 가진 것을 확장해 나가고, 그것을 개발한다면 머지않아 그 가치가 빛을 발하는 날이 분명 온다.

5장

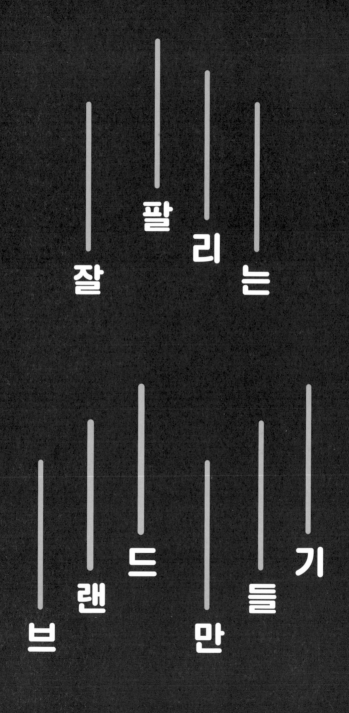

잘 팔리는 브랜드 만들기

트렌드에 빠르게 대처하자 - 케이터링박스

케이터링은 행사나 연회 등에서 음식을 제공하는 서비스를 말한다. 우리가 흔히 아는 출장 뷔페와 비슷하지만 음식을 현장에서 만드는 것이 아니라 업체에서 만든 다음 이벤트 장소에서 스타일리시하게 세팅한다.

앞서 말했다시피 케이터링닷컴을 준비하고 론칭했을 때는 코로나19가 이미 절정에 가까운 시기였다. 이번에도 지인들의 걱정과 우려가 이어졌다. 이 시국에 누가 파티를 하겠냐, 지금 하는 것도 잘 되고 있는데 굳이 또 왜 사서 고생을 하느냐 등등 예상했던 말들을 듣고야 말았다. 하지만 긍정적인 반응도 있었다. 코로나19는 언젠가 끝날 것이며, 개인위생에 대한 경각심도 생겼으니 방역 수칙도 완화될 거라는 등의 힘이 나는 말도 있었다.

내 생각도 후자에 가까웠다. 팬데믹의 종식을 예견하는 무리도 있었고, 독감처럼 계절성 질병으로 봐야 한다는 의견도 나오는 상황이었다. 종식이든 유행성 질병이든 사람들이 많이 지쳐 있었던 것은 사실이다.

평온한 일상은 온데간데없고 코와 입을 가린 채 웃음은 물론 슬픔까지 공유하지 못했다. 그 무렵 나이 어린 지인의 자매가 지병으로 사망했다는 소식을 들었는데, 코로나19 때문에 부모 외에 임종을 지켜볼 수 없었다는 이야기를 듣고 무너질듯한 무기력함을 느꼈다.

언제까지 버틸 수 있을까? 변이는 계속해서 일어나고, 방역 수칙도 하루가 멀다고 바뀌었다. 자영업자들은 혼란스러웠고, 소비자는 피로했다. 코로나 블루, 소비 위축, 자영업자들의 반란 등 이를 타개하기 위해서라도 조금씩 일상으로 되돌아가려는 움직임이 시도되었다.

공연업계도 조금씩 살아남기 위해 노력하고 있었는데, 거리두기로 인한 자동차 극장 콘서트, 인원 제한 콘서트 등 나름의 일상과 즐거움을 찾기 위한 노력을 했다. 메이랩은 이 틈을 노려 인스타그램과 블로그 등 활용할 수 있는 소셜 네트워크를 통해 홍보했다. 그러자 연예인 팬덤, 중소기업 등에서 케이터링 주문이 꽤 들어왔다.

또 하나 놀라웠던 것은 중국이나 미국에서도 주문이 제법 들어

왔다는 사실이다. 국내 연예인을 좋아하는 팬클럽이 직접 콘서트를 보지는 못해도 공연을 여는 연예인을 위해 타국에서 케이터링을 주문하는 것이다.

그뿐만 아니라, 거리두기로 인해 많은 인원이 함께하거나 보증 인원이 필요한 대형 뷔페를 빌리기 힘든 행사들. 즉 칠순 잔치, 돌잔치, 결혼식 등이 간소화되면서 장소만 대여하고, 음식은 10~30명 안팎으로 주문하는 케이터링이 톡톡한 특수를 누리게 됐다.

나 역시 사람인지라 새로운 사업을 시작하면서 왜 부담이 없었겠는가. 하지만 시장은 늘 위태롭다. 경제 위기는 수시로 찾아왔고, 고용 시장은 늘 불안했다. 팬데믹이라고 해서 손을 놓거나, 이 시기만 지나고 난 뒤에 무엇을 해봐야겠다고 마음먹으면 이미 시장을 다 빼앗기고 난 뒤가 될 것이다. 우선 브랜드를 출시한 뒤 시장 반응을 보면서 방향성을 수정해 나가는 것이 맞다.

케이터링닷컴도 처음부터 장사가 잘돼서 100인분, 200인분의 음식을 만들고자 했으면 힘들었을 것이다. 그런데 의외로 10~30명 되는 인원의 주문을 받으면서 솜씨가 늘었고, 거리두기나 팬데믹이 점차 완화되면서 주문 수가 늘어도 당황하지 않고 능숙하게 만들 수 있게 되었다.

케이터링닷컴은 케이터링의 대표 사이트, 케이터링의 대중화를 노리고 시작했다. 위생을 더욱 중시하는 사회가 되면서 음식을 떠

마음을 움직이는 브랜딩

서 먹는 뷔페보다는 핑거푸드가 주목받기 시작했고, 사업 초창기 하루 5만 원 안팎의 매출로 시작해 현재는 연 5억 원 매출까지 달성한 상태다. 이 매출까지 오는 데에 그리 오랜 시간이 걸리지 않았다.

누군가는 케이터링을 유행 타는 아이템으로 볼지 모르겠지만 내 생각은 다르다. 사람은 사회에 결속하고 싶은 욕구가 있다. 다만 자신이 속하고 싶은 모임의 성격이나 인원수가 저마다 다르고 트렌드도 빠르게 달라질 뿐이다. 이처럼 트렌드 주기가 빨라질 때는 유행을 덜 타거나 유행에 빠르게 대처할 수 있는 업종이 좋다. 그래야 꾸준히 잘 팔리면서 매출을 안정화시킬 수 있기 때문이다.

숙박업에서도 이러한 특징을 확인할 수 있다. 과거에는 여행이라고 하면 관광지를 돌아다니고, 유명한 호텔이나 모텔에서 묵는 것이 일반적이었다고 하면, 요즘은 오로지 휴식만 하거나 조용한 곳에서 머물다 오는 숙박업이 인기를 누리고 있다. 근처에 그 흔한 볼거리나 관광지가 없어도, 감성적인 인테리어로 편안한 휴식을 제공하는 그런 곳들을 어렵지 않게 볼 수 있다. '시작에 머물다', '스테이목아', '서악동 작은방' 등 전원적인 이름을 가진 이 숙박 업체들은 자신의 브랜드에서 '펜션'이라는 이미지를 지우고 #북스테이 #정겨운시골집 #조용한 #힐링 등의 키워드로 고객의 눈길을 사로잡는다.

도회지에서 떨어진 외딴 농촌에 있을지라도 고객은 몇 달을 기다리면서까지 그곳을 찾는다. 왜일까? 예약도 어렵고, 주변에 관광할 곳도 없는데 말이다. 나처럼 활동적인 여행을 좋아하는 사람도 있지만, 자신이 있는 곳에서 벗어나 새로운 곳에서 온전하게 자신을 쉴 수 있도록 해주는 여행을 좋아하는 사람도 있다는 뜻이다.

여러 자기계발서에서 트렌드에 민감해지라는 충고를 많이 한다. 하지만 언제까지고 트렌드에 안테나를 대놓고 '이번엔 뭐가 유행이지?', '다음엔 또 뭐가 유행이지?' 하며 예측하고 대비하기란 힘들다. 다만 어떤 트렌드가 와도 유연하게 대처할 수 있게끔 피벗팅(트렌드처럼 빠르게 변하는 외부 환경에 따라 기존 사업 아이템을 바탕으로 사업의 방향을 다른 쪽으로 전환하는 것)이 가능하도록 브랜딩하는 것이 중요하다.

이를테면 위에서 언급한 목가적인 숙박 업체들이 브랜딩을 할 때, 조용히 쉴 수 있는 곳, 오로지 나와 연인 혹은 가족에게만 집중할 수 있는 곳으로 마케팅해 수입을 올렸다고 하자. 하지만 예전처럼 여행 수요가 해외나 볼거리가 많은 관광지로 다시 치중되면 매출이 하락할 수도 있다. 그때 가서 주변에 자비를 들여 관광지를 개발할 수도 없는 노릇이다.

그럴 때는 마당을 활용해 리마인드 웨딩을 할 수 있도록 장소를 제공하거나 마을 주민과 연계해 밤 따기, 쑥 캐기, 별 보기 등 체험

이벤트를 넣어 다양한 재미 요소를 줄 수 있다.

비장의 카드처럼 마련해둬야 하는 플랜B

사업에는 유행뿐만 아니라 시대 상황, 경제 정책, 사회적 이슈, 개인의 대소사 등 여러 가지 변수가 생긴다. 브랜드도 마찬가지다. 브랜드가 눈에 띄는 것도 중요하지만 소비자에게 안착한 뒤에도 인지도를 더욱 높이고 싶거나, 제대로 된 매출 상승을 노리고 싶다면 상황에 맞게 대처할 수 있도록 플랜B를 짜두어야 한다.

팬데믹이 장기화했을 때 내 플랜B는 케이터링에서 종종 선보였던 한식 샐러드나 요거트를 브랜드로 만든 것이었다. 빛채공감도 즐겁고 건강한 다이어트를 위해서 만들기는 했지만, 케이터링에서 종종 선보였던 메뉴를 응용한 것이다. 요거트도 메이랩에서 가끔 고객한테 선보였던 수제 요거트를 아예 브랜드화해서 샵인샵shop in shop이나 공동구매 등으로 판매할 수 있게끔 했다.

많은 사람들이 목표에 실패했을 때 대부분 좌절하거나 자책한다. 세상을 비난하거나 운이 나빴다고 말한다. 하지만 세상은 우리를 쉽게 내치지 않는다. 포기하는 것은 오로지 내 자신일 뿐이다.

초통령이라 불리는 사람이 있다. 유튜버 1세대이자 샌드박스 창업자인 '도티' 나희선 씨다. 우연히 원고를 집필하며《도티의 플랜 B》라는 저서를 찾아 읽게 되었다. 내 아이는 이제 도티의 유튜브 콘텐츠를 볼 나이는 아니지만, 누구나 샌드박스와 도티를 잘 알고 있을 만큼 우리나라 유튜브 콘텐츠 사업을 주도하는 젊은이다.

나희선 씨는 뚜렷이 삼고 싶은 직업은 없었지만 부자가 되겠다는 목표는 있었다고 한다. 처음에는 그 방법을 몰라 학생으로서 자신이 가장 잘해야 하는 공부를 열심히 해서 명문대에 입학한다. 그러나 진학 후에는 진로에 대해 방황했고, 군대 역시 늦게 입대하게 되었다. 그러다 우연히 CJ ENM 광고를 보고 PD라는 직업에 대한 열망이 생겼고, 유튜브를 개설해 구독자 수를 확보하면 이력서에 도움이 되지 않을까 하는 생각으로 유튜브를 시작하게 되었단다.

이력서의 1줄을 채우기 위해 만든 유튜브로 대한민국 최고 유튜버이자 기업 창립자가 될 줄 누가 알았을까. 2013년부터 날마다 영상을 올리며 꾸준히 구독자 유입이 되자, 도티는 유튜버가 직업이 될 수도 있다고 생각했다.

유튜버를 직업으로 삼기로 한 뒤부터 오직 잘될 거라는 생각으로 1년 반 정도는 4시간 넘게 자본 적이 없을 만큼 온 힘을 다했다. 그 결과 3년 만에 구독자 100만 명이 되었고, 2018년에는 국내 게임 채널 최초로 200만 명을 넘겼다. 도티는 이제 1명의 유튜버가 아닌 거대 콘텐츠 기업이 되었다.

뉴스를 보면 세상이 당장이라도 멸망할 것 같은 기분이 들 것이다. 경제는 어렵고, 취업은 안 되고, 세계 곳곳에서 전쟁 중이다. 뉴스는 기본적으로 사실을 전달하기는 하지만 불안을 소비하는 콘텐츠다. 불안해야 집을 사고, 불안해야 열심히 일한다. 불안해야 모험하지 않고 보수적인 선택을 하기 때문이다.

그러나 그렇게 부정적인 에너지에 탐닉하다 보면 내 그릇에 새로운 것을 들여놓을 여유가 없다. 그런 사람에게서 당연히 신선하고 단단한 사고가 나올 리 없다. 뉴스를 보지 말라는 것이 아니다. 남들에게 휩쓸리지 않는 정체성과 독립적인 사고를 길러야 어떤 위기도 유연히 극복할 수 있는 플랜B를 마련할 수 있다.

따로 또는 같이 매출을 올릴 수 있는 비장의 카드 – 그릭왕자

요거트는 장운동을 돕고 면역력을 높이며, 칼슘 성분까지 있어 골

다공증 같은 뼈 질환에도 좋다. 무엇보다 나는 요거트 맛 자체를 좋아한다. 그런데 시중에 판매하는 요거트는 단맛이 강하거나 오래도록 보존하기 위해 첨가물을 넣다 보니 정작 요거트에서 얻어야 할 영양분이 줄어든다. 그뿐이랴. 평범한 요거트임에도 가격이 비싸다.

그래서 메이랩을 열기 전부터 요거트를 거의 만들어 먹거나 비싼 수제 요거트를 사 먹곤 했는데, 메이랩 오픈 뒤 샌드위치와 함께 시간이 날 때마다 직접 만들어서 손님들에게 판매했다. 그런데 주변에 젊은 아이를 둔 엄마들을 통해 입소문이 퍼졌고, 수요가 많아져서 아예 브랜드로 만들었다.

요거트 주 소비층이 어린아이였기 때문에 '아이를 위한' 요거트로 브랜딩하고 싶었다. 사실 요거트를 만드는 것에 특별한 비법은 없지만, 과정이 까다롭다. 발효 과정이나 시간에 따라 산미가 달라지기 때문에 신경을 많이 써야 한다. 일정한 온도에 맞춰 수분을 제거하며 발효시키는데 단백질 고형분만 남게 되므로 질감이 꾸덕해진다. 이처럼 메이랩에서 만드는 수제 요거트는 오랜 시간 정성을 들여 만드는 그릭요거트다. 많은 양의 우유가 들어가 유산균과 영양소가 풍부하다.

이렇게 정성을 들여 만든 요거트 네이밍을 어떻게 해야 할까 고민했다. 처음에는 바르고 정직하게 만들었기 때문에 '바른요거트',

'착한요거트' 등의 이름을 생각했으나 전자는 이미 상표등록이 된 상태였고, 후자는 뭔가 심심하고 임팩트가 없었다. 브랜딩을 생각하면 정체성도 모호해 보였다.

한때 '착하다'는 키워드가 유행일 때도 있었다. 착한치킨, 착한 구두, 착한남자 등. 그런데 '착하다'는 형용사를 네이밍으로 할 때는 자신의 브랜드와 정말 어울리는지 진지하게 검토해야 한다. '착하다'에 소비자가 거는 기대가 있다. 가격이 '착하다'라고 생각하거나, 나쁜 첨가물이 들어가 있지 않아 재료가 '착하다' 등으로 생각하게 된다. 이렇게 '착하다'로 포지셔닝 되면 착한 함정에서 헤어 나오기 힘들다. 한 번이라도 '착하지 않은' 가격이나 재료, 서비스를 제공하면 고객들의 반발이 쉬워진다.

이번에는 요거트를 빼고 '그릭'이라는 단어로 네이밍을 해보았다. 그릭 Greek은 그리스를 뜻하는 말로 그릭요거트 자체가 그리스를 비롯한 지중해 연안 지역에서 만들어 먹던 음식이다. 그래서 그릭을 떠올리면 자연스럽게 따라오는 키워드가 요거트다. 그릭요거트는 이미 대명사처럼 활용되고 있으니, 다른 키워드를 붙여 보았다.

그릭+아이, 그릭+천사, 데이+그릭, 그릭+하루, 소중한 그릭,

엄마 마음 그릭요거트

여러 가지 키워드를 붙여 봤지만 가장 마음에 들었던 데이 그릭은 '그릭데이'라는 상표가 이미 등록되어 있었다. 그러다 다시 '소중한 내 아이를 위한' 제품이라는 의미를 전달하기 위해 좋은 단어가 없을까 하다가, 아이를 지칭할 때 왕자나 공주라는 표현을 쓴다는 점이 문득 떠올랐다. 그래서 '왕자'를 붙여 보았다. 그랬더니 어감도 훨씬 생기가 돌았고 의미도 확 와닿는 네이밍이 되었다.

말에도 맛이 있다. 단어 어미에 종성이 들어가면 말이 야무져 보이고, 종성이 없으면 발음이 부드러워 보인다. 단어 전체에 종성이 들어가면 발음하기가 어렵고, 반대로 종성이 없으면 부드럽지만 흐리멍덩해 보일 수도 있다.

그릭은 그 자체로 외국어인 데다가 '릭'의 종성이 기역이므로 단어를 끝맺는 느낌을 준다. 이렇게 강한 어감의 단어와 어울리려면 앞뒤로 오는 발음이 부드러워야 읽기도 편한데, 그렇다고 함께 오는 단어의 의미가 아이, 데이, 천사처럼 모호한 느낌을 주면 브랜드 설득력이 떨어진다. 그런데 그릭왕자는 초반에 계획했던 의미를 전달할 수 있으면서 그릭요거트처럼 단단하고 밀도 있는 이미지를 떠올리기에 더할 나위 없었다.

그렇게 '내 아이 생애 첫 요거트 그릭왕자'가 탄생했다. 사랑하는 아이에게 좋은 것만 주고 싶은 것이 부모 마음이다. 그렇게 귀한 내 아이가 처음 먹는 유제품 간식이라면 당연히 엄선된 재료로 믿을 수 있는 제품을 먹일 수밖에 없다. 그릭왕자의 타깃이 아이를 둔 젊은 엄마인 것도 그 때문이다. 사실 요거트는 남녀노소 누구나 먹는 음식이지만, 수제 요거트는 가격이 부담되는 만큼 젊은 층이나 남성 고객들은 성분보다 가성비를 따지게 마련이다. 하지만 이제 막 자라나는 아이를 둔 부모라면 그렇지 않다.

특히 유제품을 제대로 알지 못하고 아무거나 먹이거나, 아예 먹이지 않는다면 소화 기능이나 장 기능에 문제가 생긴다. 소화가 잘되지 않거나 변비로 인해 장내 유해균이 생기면 뇌의 감각 이상을 처리하는 데 손상이 생겨 자폐 스펙트럼을 유발할 수 있다.[8] 요즘 엄마들이 아이들 장 건강에 예민한 이유가 여기에 있다.

그만큼 그릭왕자는 소중한 내 아이를 먹여도 될 만큼 엄선된 재료로 만들기 때문에 아이는 물론이고 성인이나 반려동물까지 먹을 수 있다. 그래서 누구나 취향껏 즐길 수 있도록 10가지 맛을 준비했으며, 수제청과 그레놀라 등과 함께 먹을 수 있도록 준비해 매출을 올릴 수 있었다.

그래서 그릭왕자는 처음 요거트를 먹는 고객에게도 좋지만 처음 사업을 해보고자 하는 초보 사장님에게도 좋다. 여러 메뉴를 준

---

8) http://www.mumstheword.me/2020/01/15/leaky-gut-syndrome-all-that-you-need-to-know-in-2020/

비해야 하는 부담이 있는 요식업 대신 요플레와 수제청, 다양한 맛만 정성들여 만들어두면 되니, 복잡한 것이 없고 적은 예산으로 오픈할 수 있도록 상호와 엠블럼, 레시피를 전수하고 있다. 작은 공간에서 그릭왕자만 창업해도 되고, 샵앤샵이나 무인 점포로 창업할 수 있다. 메인 매출로도, 부수입으로도 손색이 없는 그야말로 비장의 카드 같은 아이템이다.

브랜드가 매출까지 좋으려면

이렇게 브랜드에 좋은 의미를 부여하고, 만반의 준비를 해도 때로는 예상했던 매출과 다른 결과를 낳기도 한다. 때문에 브랜드 인지도를 쌓고 매출을 높이기 위해서는 타깃층에 정확히 꽂힐 수 있는 이야기를 선보여야 한다.

기억에 남는 영화나 재미있는 드라마에 늘 등장하는 것이 있는데, 바로 악역이다. 악역은 사람일 수도 있지만 어떤 환경이나 조건일 수도 있다. 사람들은 주인공이 이를 극복하고 상황을 반전시킬 때 통쾌함을 느낀다. 브랜딩도 마찬가지다.

'이것은 좋은 브랜드입니다'라고 백날 말해 봐야 사람들에게 남는 것이 없다. 대신 이렇게 해보자. 현재 고객들이 느낄 만한 악역을 설정하고, 이를 내 브랜드가 어떻게 물리치는지, 그리고 고객에게 어떤 이점이 있는지 일깨우는 것이다.

케이터링닷컴

- **악역** ① 거리두기 때문에 여러 사람이 모일 수 없음.

  ② 감염 부담 때문에 다 같이 떠먹는 음식이 부담스러움.
- **극복** 소소하게 가까운 사람끼리만 모여 즐거운 시간을 갖자.
- **고객에게 전할 이야기** 사람과 사람을 잇는 파티에 꼭 필요한 핑거 푸드!

빛채공감

- **악역** ① 식단 관리의 어려움.

  ② 금방 질리고 시드는 샐러드
- **극복** 한국인 입맛에 맞는 건강하고 맛있는 샐러드 비빔밥을 만들자.
- **고객에게 전할 이야기** 당신을 위한 선물 같은 맛있는 채소로 건강과 아름다움을 지키세요.

프라이탁

- **악역** 지구를 오염시키는 현수막이나 자동차 방수포
- **극복** 썩지 않는 현수막을 활용해 개성 있는 가방을 만들자.
- **고객에게 전할 이야기** 개성 있고 예쁜 가방을 착용하는 것만으로도 당신은 지구를 살릴 수 있습니다.

그릭왕자

- **악역** ① 첨가물이 가득 들어간 요거트는 건강에 좋지 않음.
  ② 장내 유해균은 내 아이의 건강을 망칠 수 있음.
- **극복** 엄선된 재료로 까다롭게 만드는 그릭요거트로 장 건강을 챙기자.
- **고객에게 전할 이야기** 우리 아이가 처음 접하는 만큼 건강하고 깨끗한 요거트를 먹여 보세요.

이 과정에서 악역이나 고난을 극복하도록 돕는 것은 브랜드지만 결국 그 선택으로 승자가 되는 것은 고객으로 귀결될 수 있도록 이끌어야 한다. 고객이 어떤 브랜드를 구매하고 소비하면서 만족감과 성취감이 없다면, 결코 다시는 그 브랜드를 선택하지 않을 테니 말이다.

미국의 유명한 시인이자 스토리텔링의 여왕이었던 마야 안젤루 Maya Angelou가 이런 말을 했다.

"사람들은 당신의 말과 행동을 잊겠지만, 그들에게 당신이 어떤 기분이 들게 했는지는 절대 잊지 않을 것이다."

빠르고 효과적으로 브랜드를 알리는 방법

네이밍과 엠블럼도 만들고 의미와 가치를 부여해 브랜드를 만들었다. 그런데 이렇게 만들어진 브랜드가 내 것뿐일까? 소비자는 하루 평균 200여 개의 광고에 노출된다.[9] 무수하게 많은 브랜드와 광고 속에서 소중하게 만든 내 브랜드가 빨리 알려지도록 하려면 어떻게 해야 할까?

오프라인

판촉물로 홍보하기

123쪽(브랜드를 알릴 수 있는 작은 루트도 놓치지 말 것)에서도 말했다시피 브랜드를 알릴 수 있는 판촉물을 만들어 공공기관이나 미팅 때 그곳에 두고 오기도 했다. 또한, 브랜드와 타깃층이 비슷한 곳이 있다면 공짜로 판촉물을 가져갈 수 있게끔 부탁했다. 포스트잇이나 볼펜과 같은 평소에 유용하게 쓰지만 사기는 좀 아까운 물건들에 브랜드 이름을 각인해서 나눠주면, 반응도 좋고 고객 역시 기분 좋게 브랜드를 인지한다.

---

9) https://press.kookmin.ac.kr/news/articleView.html?idxno=9999

경품 이벤트

경품은 온오프라인에서 브랜드를 알릴 때 가장 많이 사용하는 이벤트다. 하지만 어설프게 했다가는 당첨이 되더라도 기분만 상할 수 있으니, 톡톡 튀는 아이디어로 승부하거나 아예 화끈하게 1명에게 몰아주는 것이 나을 수도 있다.

간혹 오프라인에서 명함이나 연락처를 받아두었다가 추첨해서 경품을 주는 곳이 있긴 한데, 개인적으로는 개인정보 유출에 대한 우려와 경품 추첨 날짜를 기다려야 하는 수고로움 때문에 내키지 않았다. 차라리 복권처럼 현장에서 바로 확인할 수 있도록 나눠주거나, 옛날 뽑기판처럼 하나씩 뜯는 '추억의 뽑기판'을 사용하면 재미를 줄 수 있는 요소가 된다. 이벤트 내용은 해당 브랜드를 이용 혹은 구매할 수 있는 이용권이나 적립금 등으로 증정할 수 있다.

예산이 여유가 된다면 아예 통 큰 전략으로 이목을 끌 수도 있다. 스마트패드나 스마트워치, 가전이나 주방용품 등 자신의 브랜드와 관련 있는 제품으로 증정하는 것이 좋다.

당첨 후에 상품 증정 과정을 사진이나 영상으로 남겨서 SNS나 홈페이지에 남겨 보자. 대부분 내가 당첨되지 않으면 아예 선물 자체가 없었던 것은 아닌가 하고 의심하는 사람도 있기 때문이다(이 부분은 나만 그럴 수도 있다).

물론 이 같은 이유가 아니더라도, 이벤트 과정을 기록해 다른 고객들에게 알리면 하나의 콘텐츠가 될 수도 있고, 다음 이벤트 때 참가 의욕을 고취할 수 있다. 선물을 증정하는 과정에서도 브랜드를 알리는 것이다.

온라인

이제부터가 진짜다. 오프라인에서 하는 브랜드 알리기는 지역에 국한되지만, 온라인을 통해 브랜드를 알리는 것은 모래알처럼 수많은 브랜드 속에서 고객의 눈을 사로잡아야 하는 행위다. 그러므로 똑똑하게 준비해서 임팩트를 줘야 한다.

수강생으로부터 종종 이런 말을 듣는다.

"대표님은 어떻게 인터뷰도 잘하시고, 강의도 잘하세요? 저는 카메라만 보면 얼굴을 못 들겠더라고요."

아마 '관종끼'가 있다는 말을 돌려 한 게 아닌가 싶다. 브랜드를 알리고 싶다면, 유튜브나 틱톡, 인스타그램, 페이스북 등 주 타깃이 가장 많이 사용하는 소셜네트워크를 적극 활용해야 한다.

메이랩이 알려지게 된 과정을 정리해 보면 다음과 같다.

샌드위치 자판기로 이목을 끔(오프라인) → 블로거들의 자발적인 후기 → 매출 증대와 함께 입소문을 타고 잡지 인터뷰 요청이 들어옴 → 잡지 인터뷰를 보고 방송국(〈서민갑부〉)에서 섭외 요청이 들어옴 →

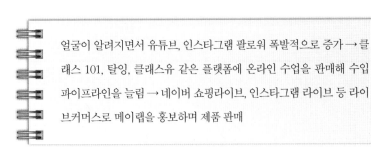

얼굴이 알려지면서 유튜브, 인스타그램 팔로워 폭발적으로 증가 → 클래스 101, 탈잉, 클래스유 같은 플랫폼에 온라인 수업을 판매해 수입 파이프라인을 늘림 → 네이버 쇼핑라이브, 인스타그램 라이브 등 라이브커머스로 메이랩을 홍보하며 제품 판매

결국 샌드위치 자판기에서 매출을 점프업 시켜준 것은 방송 프로그램이었다. 하지만 샌드위치 자판기와 메이랩 샌드위치를 자발적으로 홍보해준 고객이 없었다면, 메이랩이 방송을 타고 이토록 빨리 성장하는 것은 어려웠을 것이다.

사실 방송 출연은 계획에 없었지만, 소셜네트워크를 통한 홍보는 꾸준히 하고 있었다. 그런데 방송 출연 이후 메이랩 대표는 '서민갑부', '여자 백종원', '회사원에서 단번에 창업을 성공한 사장'으로 브랜딩 되었고 덕분에 SNS 팔로워도 늘고, 온라인 클래스에 콘텐츠를 올리는 것도 수월해졌다.

그렇다고 누구나 방송에 출연할 수 있는 것도 아니고, 꼭 방송에 출연해야만 홍보가 되는 것도 아니다. 나처럼 사람들 앞에 나서는 것을 두려워하지 않는 사람이 있는가 하면, 태생적으로 얼굴을 드러내는 것이 부담스러운 사람도 있을 것이다. 브랜딩만 잘하면 굳이 대표가 방송 출연이나 얼굴을 알리지 않아도 문제없다.

피드 톤앤매너 맞추기

다만 브랜드가 대표가 되어 사람들에게 알려지기 위해서는 활용하고 있는 소셜네트워크의 톤앤매너tone & manner를 유지해야 한다. 브랜딩은 애초에 커다란 이미지를 그리고 시작하는 것이 좋다. 인테리어를 할 때 처음부터 어떤 분위기였으면 좋겠다 생각하고, 톤앤매너에 맞춰 벽지와 장판을 고르고 가구를 사듯이 말이다. 톤앤매너를 맞췄을 때 미적으로 아름다워지고 집에 머무는 사람을 편안하게 해준다. 브랜딩도 마찬가지다.

톤앤매너란 특정 메시지를 표현할 때 그것이 잘 전달될 수 있도록 일정하게 유지하는 방식을 말하는데, 한마디로 콘셉트를 일관되게 맞추라는 이야기다.

시각적으로는 색감, 색상 분위기, 방향, 표현법 등을 일관되게 맞추는 것이 좋은데, 이를테면 인스타그램에서 전체적인 피드 느낌을 브랜드와 맞게 몽환적으로 할 것인지, 풍경 위주로 할 것인지, 글 위주로 할 것인지, 인스타툰으로 할 것인지 등을 결정해야 한다.

메이랩 인스타그램은 주로 케이터링이나 샌드위치 등 음식 사진이 많은데, 이미지 검색 사이트에서 찾은 사진이 아니냐고 물을 만큼 퀄리티가 높다. 사업 초반에 영상과 사진 촬영 기법을 배워둔 덕에 홈페이지나 클래스 수업에 활용하는 음식 사진은 대부분 직접 찍은 사진으로 올리고 있다.

인테리어 브랜드라면 인테리어 소품을, 과일 브랜드라면 과일이나 농장 등 목가적인 풍경으로, 의류 브랜드라면 옷이나 피팅한 모습을 게시하면 되는데 이때 피드 분위기를 통일하는 것이 좋다. 제품과 관련된 재미있는 릴스를 올리는 것도 방법이다. 고객이 피드에 머무르며 더 많은 게시물을 보고, 팔로워를 늘릴 수 있기 때문이다.

온라인 마케팅은 키워드 싸움이다

① 키워드 검색하기

온라인 마케팅에서 이미지만큼 중요한 것이 키워드다. 유튜브, 블로그, 인스타그램 등은 나를 팔로워하지 않아도 검색으로 유입되는 사람이 있기 때문에 이런 사람들의 눈길을 끌기 위해서 적절하고 적재적소에 맞는 키워드를 게시글과 함께 올려야 한다.

'한 놈만 걸려라'라는 생각으로 키워드를 몇십 개씩 올리는 사람들이 있는데, 그래 봐야 시간만 낭비하고 간절한 느낌만 들 뿐이다.

키워드를 올리기 전에 키워드 관련 사이트에서 현재 유행하는 이슈가 무엇인지, 어떤 키워드 검색량이 많은지 살펴보자.

인터넷 판매 스토어를 하는 분들이라면, '데이터랩'이나 '아이템 발굴', 키워드 검색뿐 아니라 조합과 연관 키워드까지 원한다면 '마피아넷'을 이용하면 된다. 그밖에 웨일 브라우저나, 카카오톡의 카똑똑 등 유행하는 키워드와 키워드를 조합해주는 사이트가 많으니 자신에게 잘 맞는 것을 찾아보자.

② 키워드 적용하기

어떤 키워드 검색 사이트를 사용하든, 중요한 것은 '키워드를 어떻게 활용할 것인가'이다. 키워드량을 검색했을 때 월간 검색량이 가장 높은 것을 사용하는 것이 좋겠지만, 만약 자신의 블로그나 인스타그램 팔로워 수가 높지 않다면 키워드 검색량이 중간 정도인 세부 키워드를 사용하는 것이 효과적이다.

예를 들어 '서울대 꽃집'이라는 검색량이 가장 높아서 '서울대 꽃집'이라는 키워드를 해시태그로 달았다면 서울대 꽃집 가운데 가장 노출이 높거나 팔로워가 많은 사이트가 상위에 뜬다. 결국 남 좋은 일만 시키는 셈이다. 이럴 때는 서울대 꽃집보다는 '행운동 꽃집' 또는 '서울대 꽃집 추천'으로 키워드를 태그하는 것이 낫다.

③ 내가 검색할 때를 생각해 보기

누구든 브랜드를 만들기 전에 소비자로 시작한다. 그러니 고객이 브랜드를 검색할 때의 패턴이 알고 싶다면 스스로 어떻게 온라인 쇼핑을 하고, 소셜 네트워크에 무엇을 검색하는지, 어떤 콘텐츠를 클릭하는지 파악해 보자.

나 같은 경우 특정 제품의 솔직한 후기가 궁금하다면 제품명과 함께 '내돈내산'을 검색한다. 특정 제품이 아닌 막연하게 '매트'라는 상품을 알아보고자 한다면, 검색창에 매트를 검색한다. 그러면 놀이 매트, 층간소음 매트, 운동 매트, 요가 매트, 전기 매트 등 생각보다 다양한 매트가 나올 것이다. 정확하게 운동할 때만 필요한 매트를 구입하고자 한다면 운동 매트 키워드 상품을 검색하거나, 다른 블로거의 관련 제품의 리뷰를 보기도 한다.

그런데 반대로 특정 제품이 궁금해서 검색하는 때도 있지만, 사실 콘텐츠를 보다가 연관된 광고가 뜨면서 제품을 검색하게 되는 경우도 많다. 운동 매트를 바로 사는 것이 아니라, 뱃살 빼는 법, 빠르게 살 빼는 운동, 살 빠지는 근력 운동, 살 빠지는 홈트 등을 검색하다가 매트 광고가 나와서 매트를 구매하게 되는 것이다.

그러니 블로그나 인스타그램 등 소셜 네트워크에 콘텐츠를 올릴 때 자신의 브랜드 제품을 직접적으로 올리는 것도 좋지만, 관련 콘텐츠를 올리고 관련 키워드나 이미지에 브랜드 이름을 슬쩍 흘리는 것도 좋은 방법이다.

확보 고객에게 문자나 이메일 보내기

이미 확보된 고객에게 정기적으로 메일이나 문자를 보낸다. 다만 스팸 메시지나 메일처럼 느껴지지 않게 그때그때 알맞은 인사말로 시작한다. 고전적인 방법이지만 의외로 고객에게 브랜드를 환기하는 데 도움이 된다.

다음과 같은 메시지들은 고객과 깊은 관계를 형성하고 잠재된 매출을 발생시킨다. 홍보 메시지 문구 하나에도 고객의 마음을 사로잡을 수 있는 따뜻한 문장력이 필요하다.

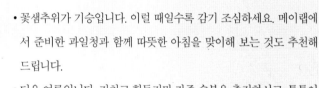

- 꽃샘추위가 기승입니다. 이럴 때일수록 감기 조심하세요. 메이랩에서 준비한 과일청과 함께 따뜻한 아침을 맞이해 보는 것도 추천해 드립니다.
- 더운 여름입니다. 지치고 힘들지만 자주 수분을 충전하시고, 틈틈이 쉬셨으면 해요. 저희 쇼핑몰의 여름 신상을 구경해 보시는 건 어떨까요?

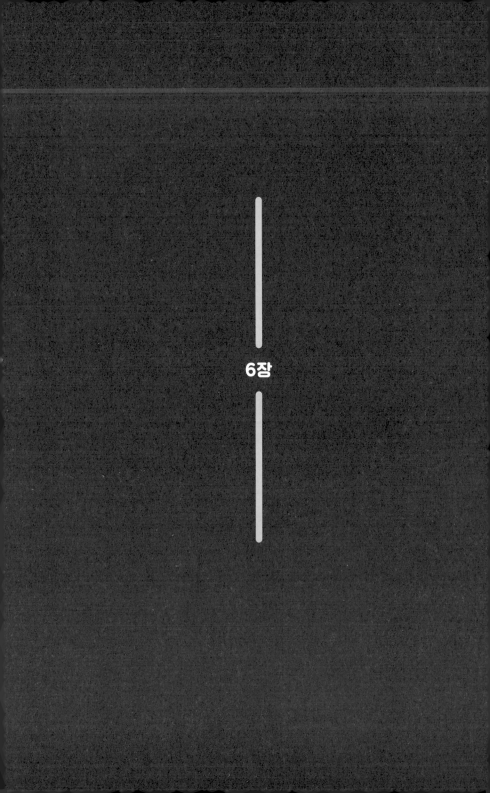

6장

상표등록의 중요성

누구나 머릿속에 반짝반짝 빛나는 아이디어 한두 개 쯤 갖고 있을 것이다. '이런 사업 하면 대박 날 것 같은데'라던가, '내가 만약 사장이라면 이렇게 하겠다' 같은 것들 말이다. 끊임없이 반짝반짝한 아이디어가 떠오르는 사람이 있지만, 수동적으로 사는 사람도 있다. 그렇다면 성공하는 사람은 누구일까? 당연히 아이디어가 많은 사람일까?

아니다. 성공하는 사람은 행동하는 사람이다. 당연한 말을 당연하게 하는 것처럼 들리겠지만 생각보다 많은 사람이 '부자가 되고 싶다', '외국어를 잘하고 싶다', '살을 빼고 싶다'라고 생각하면서 그 행위를 위한 행동은 하지 않는다. 설령 시작해도 끝을 맺지 못하는 경우가 대부분이다.

변화를 위해 행동하려면 감내해야 할 것이 많고 고단하기 때문이다. 지금 삶이 편하고 안정적인데 군이 시간을 내서, 몸을 움직여서, 머리를 굴려서 힘든 상태에 놓이고 싶지 않은 것이다. 그저 지금처럼 꼬박꼬박 들어오는 월급을 받고, 그 월급이 하루 이틀 만에 스치듯 내 통장을 지나쳐도, 친구들과 술을 마시고 피곤해서 쓰러져 자거나 스마트폰만 보다가 하루를 마무리하는 것이 몸도 마음도 편하다. 이러한 이유로 성공한 사람과 성공하지 못한 사람으로 나뉠 뿐이다. 일단 행동하고 바뀌면 당신도 그 꿈을 이룰 수 있다.

나 역시 20년 가까이 직장생활만 한 평범한 직장인이었다. 아침 일찍 일어나 출근하고, 퇴근해서 집에 오면 녹초가 되어 꼼짝도 하기 싫다. 그러다 또 금세 다음날이 되고, 주말만 손꼽아 기다리는 평범한 삶을 살았다.

원대한 꿈이 있어서 사업을 했다기보다 회사 내의 여러 문제와 퇴직 압박으로 퇴사했다. 놀기에는 너무 창창하고, 이직하기에는 늦어 버린 이도 저도 아닌 나이였다. 나름 높은 자기애와 자신감으로 살았지만, 그때만큼은 한없이 작아진 나를 마주해야 했다. 자존감이 바닥을 치기 직전이었다. 때마침 내가 만든 샌드위치를 먹고 맛있다며, 엄지손가락을 치켜세운 아들의 말 한마디가 아니었다면 말이다.

'엄마가 해준 음식이 가장 맛있다'는 말을 들은 게 처음은 아니었다. 하지만 오래전부터 막연히 나만의 브랜드를 만든다면 어떤 아이템이 좋을까, 생각하던 찰나에 샌드위치가 다가온 것은 나도 은연중에 샌드위치를 원했으리라.

어쨌든 생계형 사업으로 시작한 메이랩. 사업이 나날이 확장될 때까지도 상표등록이나 브랜드에 대한 중요성을 인지하지 못하고 있었다. 그러던 어느 날 창업지원금을 받으려고 봤더니, 상표등록이 되어 있으면 가산점을 준다기에 뒤늦게나마 상표등록을 진행하려고 했다.

그런데 누군가 메이랩으로 상표출원을 해 놓은 것이 아닌가! 그것도 내가 메이랩을 오픈한 뒤에 말이다. 오픈하기 전에 출원했으면 억울하지라도 않았을 텐데 메이랩을 처음 연 것도, 메이랩이라는 이름으로 열심히 가게를 키워온 것도 나인데, 그 이름의 주인은 정작 따로 있는 꼴이 되어 버린 것이다.

알고 보니 상표등록을 하지 않은 브랜드만 골라 먼저 상표를 출원하거나 등록한 뒤, 이용료나 합의금을 가로채는 사람들이 있었다. 억울했지만 방법이 없었다. 일단 합의하지 않고 상황을 지켜보기로 한 채 케이터링을 케이터링닷컴으로 얼른 상표등록을 했다. 그러는 와중에 메이랩으로 상표출원을 한 사람이 내가 메이랩을 포기한 줄 알고 등록을 포기했다. 상표출원 비용은 17만 원이지만, 등록하는 데 또 30만 원을 내야 하기 때문이다.

이때다 싶어 메이랩을 내 이름으로 얼른 상표등록했다. 빼앗긴 자식을 되찾아온 마냥 기뻤다. 나는 그 뒤로 브랜드와 상표등록은 반드시 가장 먼저 진행한다. 상표를 엉뚱한 사람에게 빼앗기지 않게 하는 기능도 있지만, 그 브랜드를 책임지고 성장시키겠다는 의지를 표명하는 수단이 되기도 한다.

물론 어떤 브랜드는 상표등록을 하고 1~2년 뒤에 상품화시킨 것도 있다. 시기야 어찌 됐든 어떤 아이디어가 떠올라 브랜드로 만들기로 결심했다면, 반드시 네이밍을 하고 이미지를 생각한 뒤에 상표등록부터 한다. 그래야 해당 브랜드로 사업을 하겠다는 행동의 동기가 되기 때문이다.

상표를 출원하고 등록하는 데만 50만 원 가까운 돈이 든다. 그전에 상표에 필요한 이미지를 전문가에게 맡겼거나 상표를 등록하는 데 변리사의 도움을 받았다면 적게는 몇 십만 원에서, 많게는 몇 백만 원 넘는 돈이 쓰인다. 그렇게까지 했는데 브랜드를 사업화하기 위한 행동을 하지 않을 수가 없다. 적어도 상표등록하는 데 들어간 돈은 회수해야 할 것이 아닌가!

그러니 작은 음식점이든, 온라인 쇼핑몰에 들어가는 작은 상점이든 프랜차이즈가 아닌 자신만의 브랜드로 시작하는 것이라면 반드시 상표등록을 하길 바란다. 정말 나중에 어떻게 될지 모른다. 내 브랜드가 대한민국 국민이라면 누구나 알 만한 브랜드가 될지 누가 알겠는가.

━━━ 브랜드 가치를 높이는 2가지 - 신뢰와 캠페인

지금껏 브랜드와 브랜딩에 관해 설명한 것 가운데 브랜드의 가치를 결정짓는 가장 중요한 요소를 꼽으라면 바로 '신뢰'다.

(사)한국브랜드경영협회는 믿을 수 있는 브랜드를 발굴하기 위해 '대한민국 소비자신뢰 대표브랜드 대상'을 제정해, 해마다 신뢰할 수 있는 브랜드에 상을 수여한다. 브랜드 목록을 살펴보면 제품도 있고 단체도 있는데, 우리에게 친숙한 이름들이다. 세련된 상호가 아니어도, 투박한 디자인을 가진 제품일지라도 소비자의 신뢰를 얻는 데 성공해 오래도록 사랑받는 제품과 기업, 도시들이다.

메이랩이 만든 브랜드 역시 1가지 원칙만은 고수하고 있다. 음식과 소스는 무조건 수제로 만들어 차별화된 신선한 맛을 고객에게 선보여야 한다는 것. 빵과 재료는 늘 최상급 상태에서 공수해오고, 소스는 최대한 수제로 만든다. 그래야 시중에서 판매하는 것과 차별성을 둘 수 있고, 첨가물이 들어가지 않아 고객에게 건강한 맛을 선물할 수 있기 때문이다.

사람은 신뢰를 굉장히 중요하게 여긴다. 남을 속이거나 편법을 쓰거나, 경쟁하는 데 이골이 나 있다. 나이가 들수록 삶이 한겨울 살얼음판을 걷듯이 위태롭게 느껴지는 사람이 많을 것이다. 나 역시 늘 그렇지는 않지만, 얼음판 위에 올라가 있다는 느낌이 들 때가 있다.

그때 내가 딛고 있는 얼음판이 절대 깨지지 않을 거라고 말해주는 사람, 깨지더라도 날 구해줄 수 있는 사람, 우리는 그런 사람을 원한다.

배우자를 고를 때 상대방의 배경이나 능력, 학벌, 외모 등을 따지다 보면 조건을 다 갖춰 결혼하기가 힘들다. 많은 연인이 결혼을 결심하는 순간을 보면 의외로 어느 한 포인트에 마음을 빼앗긴 경우가 많다. 차도를 걸을 때 자신을 안쪽으로 서게 하거나, 탁자 아래로 무엇을 떨어뜨려서 허리를 숙였는데 연인이 내 머리를 다치지 않게 하려고 무심하게 모서리로 손을 감싸주거나, 나와 유머 코드가 잘 맞거나… 등등.

브랜드도 마찬가지다. 누가 봐도 많은 예산을 투입한 듯한 무차별 마케팅이나 유명 연예인을 대동한 광고를 해야만 사랑받는 브랜드가 되는 것은 아니다. 브랜드가 초반에 내세운 초심을 잃지 않고, 한결같이 내 곁에 있어줄 브랜드, 나에게 늘 좋은 것만 줄 것 같은 브랜드가 소비자 마음에 안착할 수 있다.

그래서 요즘 브랜드들은 '나 좀 봐줘!', '내 것 좀 사줘!' 하고 노골적으로 떼쓰듯이 말하지 않는다. 표현 방식이 노골적이고 거칠면 거부감이 들 수밖에 없다. 그래서 최근 기업에서 많이 선택하는 광고 방식이 바로 캠페인이다.

무신사는 셀럽들을 내세워 1줄 카피로 '다 무신사랑 해'라는 메시지를 전달하며, '스스로를 사랑하라'라는 #셀프러브SELF_LOVE 캠페인을 진행한 적이 있다.

무신사는 2003년 인터넷이 막 활발해질 무렵 설립자인 조만호 씨가 옷 잘 입고, 옷 좋아하는 사람들의 놀이터처럼 만든 커뮤니티나. 만늘어진 지 2년 만에 회원 수 15만 명을 돌파했고, 2009년 본격적으로 각종 의류를 판매하며 대한민국 최대 패션 온라인 플랫폼이 되었다. 2018년 연간 총거래액이 무려 4,500억을 돌파했다. 그간 여러 논란이 있고, 단점이나 안티도 많지만 29CM와 스타일쉐어를 인수할 만큼, 사업성과 브랜드 파급력은 당분간 따라올 자가 없어 보인다.

아무튼 그런 무신사의 광고 카피인 '다 무신사랑 해'를 보고 무릎을 탁 쳤다. '옷이나 신발, 패션 소품을 살 때는 다 무신사에서 해'라는 의미도 있지만 '무신사+사랑해'라는 발음으로도 읽히니 한 문장이 중의적인 내용을 내포하면서도 브랜드 이름을 확실히 각인시켰으니 말이다. 그러면서 무신사는 캠페인에서 스스로를 사랑하라고 말한다. 자신을 사랑하는 것과 패션이 무슨 상관이 있을까?

무신사 패션은 차분한 무채색 컬러에 무심해 보이는 옷이 많다. 통 넓은 바지나 요즘 유행하는 Y2K 패션 등. 세상에 무심한 듯 보이지만 티 안 나게 존재감을 드러내고 싶어 하는 요즘 세대와 닮았다.

요즘 사람들은 겉으로 당당하고 무심해 보이지만, 한편으로는 다른 사람의 오지랖에서 자유롭지 못하다. 끊임없이 비교하고 비교당하고, 그래서 어떻게 하면 상처받지 않을지, 어떻게 하면 우위를 선점할 수 있을지 마음속으로 계산한다.

하지만 자신을 스스로 아끼고 사랑하다 보면 더 이상 남들 시선을 신경 쓸 필요가 없다. 태도와 아우라가 당당해지고, 그런 태도는 외향적인 모습, 즉 패션으로도 나타난다. 내가 무엇을 입든 다른 사람 시선을 신경 쓰지 않기 때문이다.

그런 의미에서 무신사의 셀프러브 캠페인은 의미 있는 메시지를 던지는 동시에 그 화살이 브랜드를 관통해 소비자 마음에 날아가 꽂히게 한 것이다. 참으로 똑똑한 캠페인이다.

그러니 자신의 브랜드가 소비자에게 사랑받고 잘 팔리는 브랜드로 만들고 싶다면 다음 3가지는 꼭 명심하자.

첫째, 상표등록을 한다.

둘째, 고객에게 신뢰를 줘야 한다.

셋째, 사회적이거나 의미 있는 메시지를 전달하는 캠페인을 통해 브랜드를 각인시켜야 한다.

━━━ 작은 브랜드도 기업이다

사업을 시작하거나 사업을 하는 많은 자영업자들은 '브랜드'린 자신과 상관없는 대기업의 이야기라고 생각한다. '나는 그 정도로 브랜드를 키울 자신이 없어', '내 브랜드는 아직 작아', '나는 그저 작은 가게 하나를 운영할 뿐인걸'과 같은 생각을 하고 있다면, 당신은 자신의 브랜드가 그저 작은 상태로 남아 있기를, 더 성장하거나 성공할 마음이 없다는 뜻이다. 물론 소소하고 작게 운영하는 것이 나쁘다는 말은 아니다. 하지만 그렇게 소극적인 생각을 가지고 브랜드 혹은 사업을 운영하면, 단언컨대 그보다 더 작아지기 쉽고, 현상 유지를 하거나 커지기는 힘들다.

사업을 운영하면서 월급만큼 가져가려면 1달 매출이 최소 1,000~2,000만 원은 돼야 한다. 여기에 임대료나 인건비까지 생각하면 그 금액은 더 커져야 한다. 어떤 품목을 파느냐에 따라서도 다르겠지만 커피숍을 운영한다면 3,000원짜리 커피를 4,000잔은 팔아야 하며, 의류 매장이라면 2만 원짜리 티셔츠를 1,000장은 팔아야 한다. 그러니 내 브랜드를 1명이라도 더 많은 사람에게 알려야 하는 것은 당연한 일이다.

가게가 작거나 부족해서 자신이 없다고? 작으면 작다고, 부족하면 부족하다고 인정하면 된다. 사람들은 더 이상 작은 것을 나쁘게 보지 않는다. 부족한 것을 비난하지 않는다. 단지 작고 부족한데 아닌 것처럼 허세를 부리고, 과시하다가 진실이 드러나면 더 크게 실망하고 돌아설 뿐이다. 진정성 있는 브랜드는 자신의 약점을 인정하고 오히려 극복하려는 모습을 보여줘야 한다. 사람들은 거기에서 신뢰를 얻는다.

사람들은 생각만큼 팩트에 연연하지 않는다. 미국 커뮤니케이션 전략 컨설팅 회사 사장이자 커뮤니케이션 전문가인 리 하틀리 카터Lee Hartley Carter 역시 《뇌는 팩트에 끌리지 않는다》에서 인간의 두뇌 회로는 사실을 찾도록 설계되지 않았다고 말하며, 인간이 가진 확증 편향 때문에 자신이 동의하는 견해를 '사실'처럼 규정해 처리한다고 한다.

그러니 소비자에게 좋은 스토리를 전달하거나, 신뢰를 준다면 브랜드의 규모나 약점은 중요한 요소가 아니다.

메이랩은 서울 구도심 오래된 골목에 있는 월세 45만 원짜리 상가에서 시작했다. 저렴한 상가 월세로 임대해준 건물주님의 너그러운 마음씨도 작용했겠지만, 어차피 공실인 데다가 무얼 해도 장사가 될 자리가 아니니 그 값에 준 것일 터.

하지만 창업 2년 만에 연매출 3억 3,000만 원을 달성했다. 누군가에게는 그리 큰 금액이 아닐지 몰라도 회사생활만 하던 내가 처음 시작한 사업에서 특별한 기술 없이 일군 결과였다. 그래서일까. 나는 아직도 가끔 대표님 소리를 들을 때 문득 어색할 때가 있다. 오랜 시간 회사원으로 살다가 특별히 잘난 것도 없는 내가 '대표님' 소리를 들을 자격이 되는 걸까? 싶어서 말이다. 하지만 지나가는 사람이 보면 마치 우연히 운이 좋아서 가게를 냈더니 잘됐다고 생각할 수도 있지만, 나는 어디 가서도 나를 200% 노력형 인간이라고 말한다.

아직도 집에서 쓰는 가정용 프라이팬으로 소량씩 요리하는 셰프, 음식을 판매한다는 마음보다 내 음식을 먹은 고객이 건강하고 행복하기를 바라는 요식업 사장, 수강생을 만난다는 느낌보다 새로운 사람을 사귀는 것이 좋은 강사. 그게 바로 나, 메이랩이다.

그래서 메이랩은 메이랩 브랜드를 소비하는 사람은 물론 제공하는 사람(메이랩의 브랜드들로 창업하려는 초보 사장님들) 모두 행복했으면 좋겠다. 나처럼 특별한 기술 없이 평범한 사람이 해냈다면, 당신도 해낼 수 있다는 믿음을 주고 싶다. 그래서 종국에는 메이랩 공동체를 만들 생각이다. 사실 벌써 메이랩 공동체 법인을 추진하고 있다.

세상에는 이미 필요 이상의 브랜드가 있다. 지금 하려는 브랜드가 이미 세상에 존재하고, 자신이 만든 브랜드보다 좋은 브랜드도 넘쳐난다. 과거 브랜드의 성공을 좌우하는 것이 품질과 소비자 만족이었다면, 지금은 품질과 소비자 만족은 물론, 소비자와 상호작용을 해야 한다. 당신의 소비가 당신과 세상을 행복하게, 지구를 이롭게 만든다는 긍정적인 메시지를 전해야 한다. 그러기 위해선 브랜드를 만드는 사람부터 그런 가치관을 갖고 임해야 한다. 그런 면에서 난 브랜드를 만드는 것이 곧 행복이라고 생각한다. 살면서 꼭 자신만의 브랜드를 만드는 경험을 해보길 바란다.

스스로가 브랜드가 되어도 좋다. 브랜드를 만드는 것은 자식을 낳고 키우는 것만큼이나 큰 보람과 가치를 느낄 수 있다. 수익이 생기고, 돈으로 다른 경험도 살 수 있다. 여러 사람과 관계를 맺으며 지적으로 사회적으로 존재감과 유능감을 느낄 수 있다.

혹자는 행복은 자기 안에서 만드는 거라고 한다. 하지만 그 말은 행복을 느끼지 못하는 사람을 너무 무기력하고 패배자로 만드는 말 같다. 행복은 분명 자유와 유능함, 관계 등에서 나온다. 돈에

쪼들리지 않고, 자신이 하는 일을 인정받고, 모든 관계가 평화로울 때 생긴다.

그런데 회사에 다니면 시간에 제약받고, 일에서 인정받기가 쉽지 않다. 월급도 여유롭지 않을뿐더러, 사회생활 속 인간관계도 내 뜻대로 할 수 없다. 물론 브랜드를 만들고 1인 기업을 운영하는 것도 마찬가지라고 반문할 수 있다. 하지만 적어도 회사생활보다 더 자유롭고, 더 큰 부를 안겨줄 수 있다. 자기 하기 나름이다.

이렇듯 행복함을 주는 브랜드를 만들기 위해서는 가치 있는 브랜드를 만들어야 한다. 소비자는 더 이상 물건을 사지 않는다. 이미 충분히 다 갖고 있기 때문이다. 없는 것이 없다.

그러니 1인 기업을 하고자 한다면, 창업하려고 마음먹었다면 브랜드를 팔아야 한다. 소비자로 하여금 물건을 '소비'했다는 감정을 주지 말고, '가치'를 얻었다는 기분이 들도록 말이다. 소비자가 당신의 브랜드를 선택해 소비하지 않고, 진정한 가치를 얻어 갔다면 당신의 브랜드에 프렌드쉽을 느끼고 확장된 자아로 여기게 된다. 그런 소비자를 늘려야 당신의 브랜드도 성장하고 성공할 수 있다.

나는 당신이 반드시 브랜드를 만들어 행복함을 느끼길 바라고, 그 브랜드가 더 많은 사람에게 기쁨을 줄 수 있기를 바란다. 그리고 그 곁에서 이 책이 조금이나마 당신에게 힘이 되었으면 좋겠다.

네이밍을 도와주는 Q&A

네이밍을 할 때 경영자의 철학과 운영 의지가 잘 담길수록 좋은 이름이 나온다. 좋은 이름을 만들기 위해서는 지금 하려는 아이템에 대한 설명이 세부적이고 명확할수록 좋은 이름을 만들 수 있다.

1 어떤 아이디어가 필요하세요?

2 시그니처 메뉴는 무엇인가요? (주력 상품은 무엇인가요?)

3 네이밍을 하고자 하는 대상의 특징은 무엇인가요?

4 추구하는 이념이나 콘셉트, 이미지가 있나요?

5 경쟁사나 비교할 만한 동종업계는 어떤 이름을 쓰고 있나요?

6 주 타깃층은 어떻게 되나요?

7 네이밍이 소비자에게 어떤 이미지로 보이길 바라나요?

8 평소 괜찮다고 느꼈던 상호나 네이밍은 무엇인가요?

9 한글과 영어 가운데 어떤 네이밍이 더 나은가요?

10 자신의 아이템이나 브랜드를 1줄로 설명해 보세요.

센스 있는 네이밍을 도와줄 단어

순우리말

- 그루잠 | 깨었다가 다시 드는 잠
- 그린나래 | 그린 듯 아름다운 날개
- 구름결 | 구름같이 슬쩍 지나가는 겨를
- 꼬리별 | 혜성을 뜻하는 우리말
- 꽃가람 | 꽃이 있는 강
- 나르샤 | 비상하다, 날아오르다.
- 나비잠 | 갓난아기가 팔을 머리 위로 벌리고 자는 모습
- 너울 | 바다의 큰 물결
- 늘품 | 앞으로 좋게 발전할 품질이나 품성
- 돋을볕 | 아침에 해가 솟아오를 때의 별
- 다소니 | 사랑하는 사람
- 다소다 | 애틋하게 사랑하다.
- 또바기 | 언제나 한결같이 꼭 그렇게
- 다온 | 좋은 모든 일들이 다 옴.
- 소담(하다) | 생김새가 탐스럽다.

마음을 움직이는 브랜딩

- 산돌림잠 │ 산기슭으로 내리는 소나기
- 라온잠 │ 즐거운
- 마닐마닐(하다) │ 음식이 씹어 먹기에 알맞도록 부드럽고 말랑말랑함.
- 하늬바람잠 │ 서쪽에서 부는 바람. 주로 농촌이나 어촌에서 이르는 말

목기적인 단어

- 가락지 │ 장식으로 손가락에 끼는 두 짝의 고리
- 가락토리 │ 물레로 실을 겹으로 드릴 때, 가락의 두 고동 사이에 끼우는 대나무 토막
- 강기슭 │ 강물에 잇닿은 가장자리의 땅
- 나비경첩 │ 나비 모양으로 된 경첩
- 논두렁 │ 물이 괴어 있도록 논의 가장자리를 흙으로 둘러막은 두둑
- 논들 │ 논으로 된 들판
- 마루 │ ① 등성이를 이루는 지붕이나 산 따위의 꼭대기 ② 파도가 일 때 치솟는 물결의 꼭대기
- 마루 │ 집채 안에 바닥과 사이를 띄우고 깐 널빤지 또는 그 널빤지를 깔아

놓은 곳

- 마을 ｜ 주로 시골에서 여러 집이 모여 사는 곳
- 마을돌이 ｜ 이웃으로 돌면서 노는 일
- 따사로이 ｜ 따뜻한 기운이 조금 있게
- 아로새기다 ｜ 무늬나 글자 따위를 또렷하고 정교하게 파서 새기다.
- 아지랑이 ｜ 주로 봄날 햇빛이 강하게 쬘 때 공기가 공중에서 아른아른 움직이는 현상
- 어스름 ｜ 조금 어둑한 상태 또는 그런 때
- 외딴집 ｜ 홀로 따로 떨어져 있는 집
- 울타리 ｜ 풀이나 나무 따위를 얽거나 엮어서 담 대신에 경계를 지어 막는 물건
- 차가인 ｜ 집을 빌려 든 사람

귀여운 단어

- 동글동글, 루딕ludic(농담하고 놀기 좋아하는), 마롱(마로니에의 열매), 말랑, 미니, 몽글몽글, 아기자기, 토실토실, 오구오구

마음을 움직이는 브랜딩

우아한 단어

- 그레이스_{grace} | 우아함
- 까멜리아_{camellia} | 동백나무
- 라비니아_{Lavinia} | 그리스 로마 신화에 나오는 아이네이아스의 아내
- 마음결 | 마음의 바탕
- 벨리투도_{bellitudo} | 아름다움, 우아함을 뜻하는 라틴어
- 스텔라_{stella} | 별을 뜻하는 라틴어
- 아리아_{aria} | 오페라, 오라토리오 따위에서 기악 반주가 있는 서정적인 가락의 독창곡
- 아프로디테_{Aphrodite} | 그리스 신화에 나오는 올림포스 12신 중 하나로 미와 사랑의 여신
- 엘레강스_{elegance} | 우아함
- 우라노스_{Uranus} | 천왕성, 그리스 신화에 등장하는 하늘의 의인화된 신
- 캐슬_{castle} | 성
- 클래스_{class} | 학습, 수업, 계층
- 하데스_{Hades} | 그리스 신화에 나오는 명부(冥府)의 왕. 크로노스의 아들로

암흑의 마관(魔冠)을 쓰면 보이지 않으며, 풍요의 여신 데메테르의 딸 페르세포네를 꾀어 명부로 데려가 아내로 삼았다. 로마 신화의 플루톤에 해당

예쁜 꽃이나 식물 이름

• 구름꽃다지 ┃ 십자화과의 두해살이풀

• 꽃마리 ┃ 꽃이 필 때 태엽처럼 둘둘 말려 있던 꽃들이 펴지면서 밑에서부터 1송이씩 피기 때문에, 즉 꽃이 둘둘말려 있다고 해서 식물 이름을 '꽃마리' 또는 '꽃말이'로 불린다.

• 민하늘지기 ┃ 사초과의 한해살이풀

• 비파 ┃ 비파나무 열매

• 서향동백

• 실비아 ┃ 독일에서 개발한 주황빛을 띤 밝은 분홍색의 장미

• 소리쟁이 ┃ 마디풀과에 속하는 여러해살이풀

• 아랄리아 ┃ 뾰족하고 날씬한 잎 모양이 아름다운 관엽

• 포인세티아 ┃ 크리스마스 시즌에 개화하는 특성 때문에 미국과 유럽에서는 전통적인 크리스마스 장식화로 널리 사용됨.

- 프리지어 │ 남아프리카가 원산지로 고유특성인 은은한 향기가 있는 대표
적인 절화
- 하늘지기 │ 사초과의 한해살이풀. 높이는 15~60cm이며, 잎은 뭉쳐나고
선 모양

독특한 색깔 이름

- 마리루즈 │ 분홍-빨강의 밝은색
- 베리페리 │ 보라색과 빨간색을 은은하게 띠고 있는 색
- 세루리안플래시 │ #0096c6 시안의 약간 어두운 색
- 에메랄드 그린 │ #008d62 초록-시안의 약간 어두운 색
- 울트라 마린 │ 진한 보랏빛 청색의 광물성 안료
- 코발트 블루 │ 파랑. 내광성이 좋은 아름다운 청색 안료
- 튤립느와 │ #392f31 분홍-빨강의 어두운 색
- 프러시안 블루 │ 헥사시아노철(II), 산철(III) 칼륨이 주성분인 청색 안료

감성적인 부사

- 그리고, 긴긴(기나긴), 내일, 때때로, 오늘, 이따금, 어쩌다

콘텐츠(드라마, 영화, 방송) 제목

- 고양이를 부탁해, 국제시장, 경이로운 소문, 김씨네 편의점, 날씨의 아이, 너는 나의 봄, 더 글로리, 디어 마이 프렌드, 라라랜드, 라켓 소년단, 로맨스는 별책부록, 리틀 포레스트, 마녀 식당으로 오세요, 맛있는 녀석들, 멜로가 체질, 미스터 션샤인, 바라던 바다, 벌거벗은 세계사, 별에서 온 그대, 사랑의 이해, 솔로지옥, 슬기로운 의사생활, 완벽한 타인, 여고추리반, 연애 빠진 로맨스, 일타 스캔들, 찰리와 초콜릿 공장, 청춘기록, 친절한 금자씨, 환승연애, 환상의 커플

의성어와 의태어

- 가랑가랑 ｜ 액체가 많이 담기거나 괴어서 가장자리까지 찰 듯한 모양
- 곱실곱실 ｜ 고개나 허리를 가볍게 자꾸 고푸렸다 펴는 모양
- 나붓나붓 ｜ 얇은 천이나 종이 따위가 나부끼어 자꾸 흔들리는 모양

마음을 움직이는 브랜딩

- 몽실몽실 ┃ 통통하게 살이 쪄 매우 보드럽고 연한 느낌이 있는 모양

- 싱그레 ┃ 눈과 입을 슬며시 움직이며 소리 없이 부드럽게 웃는 모양

- 아른아른 ┃ 무엇이 희미하게 보이다 말다 하는 모양

- 아로록다로록 ┃ 조금 연하게 밝은 여러 가지 빛깔의 점이나 줄 따위가 조금 성기고 고르지 아니하게 무늬를 이룬 데가 있다.

- 아삭아삭 ┃ 연하고 싱싱한 과일이나 채소 따위를 보드랍게 베어 물 때 자꾸 나는 소리

- 우당탕 ┃ 잘 울리는 바닥에 무엇이 몹시 요란하게 떨어지거나 부딪칠 때 나는 소리

- 하늘하늘 ┃ 조금 힘없이 늘어져 가볍게 잇따라 흔들리는 모양

※ 단어 의미는 네이버 사전을 참고했습니다.

참고
도서

- 가토 다카유키, 《사람을 끌어당기는 자기 긍정의 힘》, 이정은(옮긴이), 푸른향기, 2021

- 마리아 로스, 《공감은 어떻게 기업의 매출이 되는가》, 이애리(옮긴이), 포레스트북스, 2020

- 잭 트라우·알 리스, 《포지셔닝》, 안진환(옮긴이), 을유문화사, 2021

- 김지수·이어령, 《이어령의 마지막 수업》, 열림원, 2021

- 나희선, 《도태의 플랜B》, 웅진지식하우스, 2021

- 리 하틀리 카터, 《뇌는 팩트에 끌리지 않는다》, 비즈니스북스, 2020

마음을 움직이는 브랜딩

1판 1쇄 인쇄 2023년 3월 27일 ｜ **1판 1쇄 발행** 2023년 4월 10일

지은이 메이랩(조윤화)

발행인 신수경
책임편십 신수경 ｜ **윤문** 김시연
디자인 디자인 봄에
마케팅 용상철 ｜ **제작·인쇄** 도담프린팅 ｜ **종이** 아이피피
발행처 드림셀러
출판등록 2021년 6월 2일(제2021-000048호)
주소 서울 관악구 남부순환로 1808, 615호 (우편번호 08787)
전화 02-878-6661 ｜ **팩스** 0303-3444-6665
이메일 dreamseller73@naver.com ｜ **인스타그램** dreamseller_book
블로그 blog.naver.com/dreamseller73

ISBN 979-11-92788-05-0 (03320)

• 책값은 뒤표지에 있습니다.
• 잘못 만들어진 책은 구입한 곳에서 바꾸어 드립니다.

※ **드림셀러는 당신의 꿈을 응원합니다.**
　드림셀러는 여러분의 원고 투고와 책에 대한 아이디어를 기다립니다.
　주저하지 마시고 언제든지 이메일(dreamseller73@naver.com)로 보내주세요.